끊고 버리고 떠나보내라

일, 관계, 생각으로부터 자유로워지는 30가지 제안

# 끊고
# 버리고
# 떠나보내라

지샤오안 지음  권용중 옮김

홍익출판 미디어그룹

contents

# 명작에는 군더더기가 없듯이
# 좋은 인생은 단순할 수밖에 없다

나는 '단순한 삶'이 인생을 경영하는 가장 효율적인 방법이라고 생각한다. 다음 10가지 항목 가운데 당신은 몇 가지나 해당하는지 점검해보라.

1. 하루 종일 열심히 일하며 성공을 꿈꾸지만 매번 작심삼일로 끝나버리지는 않는가?
2. 항상 시간도 없고, 돈도 없고, 미래도 없는 악순환에 빠져 있다는 생각에 우울하지는 않는가?
3. 습관적으로 미루는 버릇 때문에 시간에 쫓겨서 고생한 적은 없는가?
4. 늘 바쁘지만 지갑은 그대로인가?
5. 아무리 집 안을 청소해도 쓰레기로 가득 찬 느낌이 드는가?
6. 생각은 많지만 실천하기는 어렵고, 대부분 중도에 포기하면서도

쓸데없는 일만 잔뜩 하지 않는가?

7. 갖가지 일에 얽매여 고민하고, 그중 무엇을 선택해야 할지 어려움을 겪는가?

8. 인간관계에서 늘 머리를 숙이고 양보도 하는데 오히려 뒤통수를 맞지는 않는가?

9. 버리지 못한 욕망은 점점 커져만 가고, 실망과 혼란 역시 점점 커져가지 않는가?

10. 죽도록 노력하고 일했는데 삶은 여전히 제자리인가?


세상을 살면서 우리는 삶에 압도되는 스트레스와 치열한 경쟁, 복잡한 인간관계에 수없이 뒤얽히게 된다. 그래서일까? 많은 사람이 대단히 복잡하고 혼란스러운 마음으로 세상을 살아가는 데 익숙해져 있다.

그런데도 지친 삶의 굴레에서 헤어 나오지 못하는 이유는 무엇일까? 원인을 따져보면 결국 크고 작은 욕망에 사로잡혀 있고, 다양한 선택의 기로에서 우왕좌왕하며, 온갖 자질구레한 일에 시간과 힘과 노력을 빼앗기기 때문이다. 따지고 보면, 살면서 느끼는 고통은 대개 이런 복잡함 때문에 생긴다.

따라서 이렇게 말할 수 있다.

"인생에서 가장 두려운 일은 노력이 부족한 것이 아니라 오히려 인생의 문제들에 대처하는 방법이 잘못되어 비효율적인 노력만 열심히 하는 것이다."

인생에서 가장 큰 비극은 자기가 싫어하는 모습으로 변해가는 게 아니라 숱한 어려움을 뛰어넘지 못하고 어제와 똑같은 길을 걸어감으로써 자신이 원하는 삶을 살지 못하는 것이다. 삶이란 외길이다. 다시는 돌아오지 않는다. 아무리 첨단의학이 발전해도 후회를 치료해주는 약은 없다.

하지만 앞으로 더 잘 살게 해주는 약은 얼마든지 있다. 세상은 복잡하지만 여유 있고 착실하게 빛나는 삶을 사는 사람들은 필연적으로 복잡함을 단순함으로 바꿀 줄 아는 지혜가 있다. 이것이 바로 더 잘 사는 명약이다.


복잡함을 복잡함으로 대처한다면 우리 삶은 언제 폭발할지 모르는 지뢰밭으로 변할 것이다. 반면에 복잡함을 단순함으로 대처한다면 우리 삶은 깔끔해지고 만사가 순조로워질 것이다. 단순함이야말로 복잡한 세상에 맞서는 가장 강력한 무기이기 때문이다.

문제는 단순한 삶을 실천하기가 너무 어렵다는 점이다. 영혼을 울리는 현인들의 명언 몇 마디를 외우고, 명작에 등장하는 아름다운 문장 몇 구절을 외친다고 복잡한 세상이 저절로 단순해지는 것은 아니다.

사실 복잡한 세상은 단순함의 논리로 가득 차 있다. 이런 논리를 어떻게 찾아내 얼마나 이해할 수 있느냐가 타인과 격차를 벌리는 아주 중요한 비결이다. 단순한 삶의 행복을 찾아낸 사람들은 바로 이런 원칙을 남보다 일찍 깨달아 먼저 응용하고 실천했다.

단순한 삶이란 가난하거나 비천한 삶을 뜻하는 게 아니다. 오히려 사고방식을 전환해 나에게 딱 들어맞는 삶의 방식을 찾아내는 것이다. 여기다 목표가 분명한 삶과 진정으로 자유로운 삶도 복잡한 일상에서 빠져나오는 데 절대적으로 필요하다.

결국 단순한 삶을 살고 싶다면, 낡은 관념의 구속에서 벗어나 인식의 수준을 높이고 마음가짐을 올바르게 하며 사고방식을 완전히 바꿔야 한다.

여러분은 이 책에서 단순하게 살아가기 위한 다양한 방법을 만나게 될 것이다. 이로써 여러분은 가장 단순한 방법으로 시간을 관리하는 법과 가장 필요한 일을 위해 노력하는 법을 배우게 되고, 이를 바탕으로 예전의 바쁘고 정신없고 피곤했던 삶에서 완전히 벗어날 수 있을 것이다.

일본어로 '단샤리(斷捨離)'라는 말이 있다. '끊고, 버리고, 정리한다'는 뜻인 이 말은 버리거나 내려놓고 살아가는 '미니멀 라이프'를 가리킨다.

불필요한 것은 끊어버리고 집착에서 벗어나는 삶을 추구하는 사람들은 우리가 인생 목록에서 쓸모없는 물건이나 불필요한 사람을 지우게 되면 정신적으로 맑고 가뿐한 삶을 누릴 수 있다고 주장한다. 나 역시 이것이 단순한 삶으로 얻게 되는 행복의 출발점이라고 생각한다.

그렇다면 단순한 삶이란 무엇일까? 그것은 사고의 단순화, 정신의 단순화, 인간관계의 단순화, 삶의 방식의 단순화를 의미한다. 이는 가장 평온하고 가장 자유로운 삶의 모습으로, 삶이 단순해지면 세상도 따라서 단순해진다는 의미와 이어진다.

단순한 삶 속에서 복잡한 것들을 버리게 되면 오직 나 자신만이 온전히 주인공이 된다. 그러면 나 자신을 소중히 여기게 되고, 유한한 시간과 자원을 내가 하고 싶은 일에 투자할 수 있게 된다.

단순하게 살면 나 자신에게 부끄럽지 않은 내가 되고, 인생을 낭비하지 않으며, 언제나 내가 좋아하는 모든 것과 함께하려고 노력하게 된다. 명작에는 군더더기가 없듯이 좋은 인생은 단순할 수밖에 없다. 우리 모두 단순한 삶으로 진정한 나를 만들고, 나아가 가장 이상적인 삶을 살기를 바란다.

PART 1

세상은 복잡한 것 같지만,
사실은 단순함으로 가득하다

# 01

# 아무나 단순하게 살 수 없다

## 아무리 노력해도 티가 안 나는 인생

작년 늦은 봄이었다. 남자 친구 후얼이 보낸 문자메시지를 읽는 순간 한숨이 절로 나왔다.

"자기, 올해도 꽃구경을 잊었네?"

정신없이 바쁘게 살다보니 또 깜박했구나! 후얼은 해마다 꽃구경을 가자며 초대했지만, 나는 매번 차일피일 미루기만 했고, 그게 벌써 몇 년째다.

지난해는 어느 때보다 훨씬 더 바쁘고 힘들었던 것 같다. 해야 할 일은 여기저기서 툭툭 튀어나왔고, 일에 떠밀려 살다보니 걸핏하면 밤새워 야근하는 등 온종일 허둥지둥 지냈다.

인터넷에 들어가면 습관적 미루기, 강박성 인격 장애, 스트레스 중독 등 심리전문가들이 진단한 각종 증세가 수두룩한데 그게 전부 내 얘기인 것만 같다. 매일 밤 지친 몸을 이끌고 집에 오면서 차창에 비친 도시 모습을 바라볼 때마다 마음속으로 알 수 없는 우울감이 올라온다.

때때로 내 인생이 왜 이 모양일까 반성한다. 방은 언제나 지저분하고 너무 바빠서 가족이나 친구들을 챙기는 일은 늘 뒷전으로 밀린다. 책상서랍 속에 잠들어 있는 피트니스클럽 회원카드, 두 번 듣고 그만둔 한 달짜리 수영교실에 창문가에는 시든 지 오래된 꽃, 이사한 지 반년이 지났지만 책장 정리는커녕 바닥에 마구 나뒹구는 책들…… 정말이지 내 삶은 우아함과는 너무 거리가 멀다.

인간관계도 항상 뜻대로 안 된다는 느낌이 든다. 살면서 맺게 되는 모든 관계가 나를 채워주기보다는 오히려 갉아먹는 것 같아서 새벽에 문득 잠에서 깨면 알 수 없는 서러움이 밀려온다.

받는 것은 별로 없이 늘 주기만 하는 것 같고, 사람들은 내가 주는 호의를 당연하게만 여긴다. 아무리 노력해도 티가 안 나는 인생은 초라하기만 하다. 이런 부정적인 생각이 꼬리를 물면 눈물샘이 터지고, 나는 어느새 후회투성이 슬픈 운명의 주인공이 되어버린다.


## 자질구레한 일들에 감정을 낭비하는 나날

어느 주말 아침에 나는 꼬박 두 시간을 울었다. 고작 전선 하나 때문이었다. 오랜만에 여유 있게 브런치를 즐기고 싶었는데 믹서기의 전원 연결선이 보이지 않았다.

"주방을 다 뒤집어엎어서라도 찾고 말겠어! 아니, 이렇게 손바닥만 한 주방에서 어떻게 전선 하나를 찾을 수 없지?"

한 시간이 지났지만 소득이 없었다. 찾느라 짜증 나고, 못 찾아서 우울하고, 영원히 못 찾을 것 같아 절망한 나는 깊은 상실감과 혼란에 빠져 그만 식탁에 엎드려 펑펑 울어버렸다.


우리는 한평생 무엇인가를 찾고 또 찾느라 얼마나 많은 시간을 허비할까? 전원 연결선쯤이야 그다지 중요하지 않으니 못 찾아도 그만이지만, 스팀다리미 실종 사건은 가장 황당한 미스터리였다. 스탠드까지 포함하면 족히 1미터가 넘는데 말이다.

찬찬히 기억을 더듬어보니 택배 아저씨한테 넘겨받은 후로 한 번도 사용한 적이 없었다. 급히 외출하느라 현관문 옆벽에 아무렇게나 기대놓았는데, 그때 본 것이 처음이자 마지막이었다.

혹시 가족 중 누군가 쓰지 않는 물건인 줄 알고 내다버렸을까? 캐물어보니 스팀다리미인지 뭔지 하는 물건은 본 적도 없다며 다들 손사래를 쳤다.

마지막에 엄마의 한마디로 사건은 깨끗하게 끝나버렸다.

"자기 물건은 자기가 챙겨야지. 그때는 뭐 하고 이제 와서 식구들을 잡고 난리니, 너는?"

그때 나는 왜 울었을까? 전원 연결선이나 스팀다리미 때문이었을까, 아니면 언제나 뒤죽박죽인 채 정리가 안 되는 일상 때문이었을까? 결국 주말 아침 기분은 구겨질 대로 구겨져 폭발하기 일보 직전이었다.

친구들에게 이런 얘기를 하면 대부분 공감했다. 워라밸은 포기한 지 오래되었고, 선택의 기로에서는 언제나 결정 장애의 딜레마에 빠지고, 복잡한 인간관계 때문에 머리는 지끈지끈⋯⋯.

나는 왜 늘 내가 싫어하는 모습을 버리지 못한 채 살아갈까? 이번의 바쁜 일만 끝내면 제대로 정리하겠다고 다짐하지만, 일이 끝나면 또 다른 일에 떠밀려 다시 악순환의 바퀴에

눌려 허우적댄다. 항상 이런 식이었고, 이게 벌써 몇 년째인지 모른다.

아픈 만큼 성숙한다고, 이런 상태에서 벗어나겠다고 맹세하며 가끔 부지런을 떨 때도 있다. 잡동사니를 치우고 일상을 단순하게 만든다. 할 일을 계획하고, 인간관계도 요령 있게 관리한다.

하지만 이렇게 말끔한 날은 며칠뿐, 이내 다시 번잡스러운 삶 속에 내던져진다. 자질구레한 일들에 감정을 낭비하면서 하루하루 나태해져가는 일상을 챗바퀴 돌 듯 반복하는 나는 정녕 구제불능일까?

## 성공한 사람들의 삶은 놀라울 만큼 단순하다

최근 몇 년 동안 신문사나 잡지사의 청탁을 받아 사회 저명인사들을 인터뷰할 기회가 자주 있었다. 그 덕분에 나는 한 분야에서 최고 위치에 있는 분들의 삶을 살짝 엿볼 수 있었는데, 어느 순간 사회적으로 성공했다는 그들의 삶에 놀라운 공통점이 있음을 알게 되었다.

그것은 바로 그들의 삶이 놀라울 만큼 단순하다는 것이다. 예전에 나는 성공한 사람들에게는 타의 추종을 불허하는 뛰어난 무엇인가가 있다고 믿었다. 인터뷰를 해보니 역시 확실히 남들과는 다른 점이 있었다.

하지만 그것은 두뇌가 뛰어나다거나 억세게 운이 좋다는 등의 장점이 아니었다. 결론부터 말하면, 그들이 이룬 빛나는 성과 뒤에는 단순함의 논리가 숨어 있었다. 그것을 한마디로 하면, 일은 적게 하되 좋은 일은 많이 하는 것이었다.

이 말의 핵심은 버릴 것은 과감히 버릴 줄 안다는 것으로, 그들은 이런 습관으로 복잡한 일은 단순하게 하고, 불필요한 일은 모조리 배제함으로써 모든 역량을 자기 목표를 달성하는 데 집중했다.

그들은 목표와 비전이 분명했고, 신념은 콘크리트처럼 강했다. 물론 살면서 기복이 있거나 슬럼프도 숱하게 겪었지만, 이로써 외부로부터 부정적 영향을 받는 일은 거의 없었다.

보통 단순함이라고 하면 본능을 거스르는 무엇이라는 인식이 강하다. 성공을 말하는 자기계발 서적들은 대부분 자기 삶을 스스로 당당하고 힘차게 헤쳐 나가는 사람만이 인생의 승리자가 될 수 있다고 말한다.

그런 책에는 대개 이런 모습이 그려진다. 왼손으로 아기를 안고 오른손으로 우아하게 결제하는 여성의 모습, 회사에서 열심히 일하면서 동시에 취미생활도 즐기는 남자의 모습, 자유로운 영혼과 뛰어난 외모를 겸비한 모습 등이 그것이다.

그 결과, 우리의 잠재의식에는 다방면에 능력이 뛰어나야만 더 많은 것을 얻을 수 있고, 성공의 사다리를 더 빠르게 밟고 올라가게 된다는 고정관념이 자리 잡게 된다.

하지만 여기서 묻고 싶어지는 것이 있다. 이론적으로는 이렇게 간단한데, 왜 큰 성공을 거둔 사람들은 그토록 극소수에 불과할까? 그 이유는 모든 사람이 이런 심리적 압박과 본능을 이겨낼 수는 없기 때문으로, 이는 단순한 삶은 아무나 이루어낼 수 없다는 것을 반증하는 것이다.

# 02
# 우리에게는 단순함을
# 갈망하는 마음이 있다

### 어떤 명함이 상대를 더 움직일까?

1925년 여름, 중국 군벌시대의 주역 가운데 한 사람인 장쉐량
(張學良)이 북양군벌(北洋軍閥)의 대장 장쭝창(張宗昌)과 차를
마시며 한담을 나누고 있었다. 그때 호위무사가 문을 두드리
고 들어오더니 한 신문기자가 인터뷰를 청한다며 명함을 건넸
다. 장쭝창은 명함을 힐끗 보고는 다짜고짜 이렇게 외쳤다.

"죽여버려!"

장쉐량이 너무 놀라서 왜 그러냐고 묻자 장쭝창이 미간을
찡그리며 대꾸했다.

"그놈의 명함을 보니 직함만 10개가 넘더군. 그놈은 분명히

자기과시가 심한 녀석으로, 절대 좋은 놈이 아닐 거야. 차라리 없애버리는 편이 낫지!"

명함에 적힌 직함 개수만 보고 한 사람의 생사를 결정하다니, 그가 사람 목숨을 얼마나 우습게 여겼는지 알 수 있는 대목이다. 그와 더불어 직함이 많아도 목적을 달성하는 데 실패하거나 역효과를 낼 수 있다는 사실을 이 에피소드에서 알 수 있다.

현대인은 처음 만난 사람과는 명함부터 교환하며 인사를 나눈다. 그런데 어떤 명함은 현기증이 날 정도로 어지러운 경우가 있다. 앞면도 모자라 뒷면까지 직함 수십 개가 빽빽이 나열되어 있는 명함도 있다.

문제는 그런 사람일수록 직함 간에 아무 연관성이 없는 것들이 수두룩하다는 점이다. 앞에서는 문학예술협회 회원이라더니 뒤에서는 마케팅 전문가란다. 이래서야 그가 무엇을 하는 사람인지 종잡을 수 없다.

어떤 사람들은 명함에 새겨진 직함이 많을수록 능력이 뛰어나다고 생각한다. 그래서 왕년에 얼마나 잘나갔는지를 작디작은 네모 종이에 몽땅 다 담고 싶어 한다.

이는 직함이 곧 자신의 몸값이라는 과시욕에서 나온 행동이다. 하지만 몸값은 비즈니스 세계의 가치와 마찬가지로 자기 자신이 아닌 타인의 판단에 따라 결정된다.

명함에 적힌 하나의 직함만으로 그 사람을 평가하기에 충분할 때가 많다. 심지어 유명인사들 중에는 자기 이름 하나만 적은 명함을 건네는 이도 있다. 많은 직함을 깨알같이 나열한 명함은 목숨까지는 아닐지라도 단번에 평가절하되는 요인으로 작용할지 모르니 조심하자.


## 때와 장소, 대상자를 정확히 가려라

해마다 연말이 되면 문화계에서는 각종 포럼이나 총회 같은 행사가 빈번하게 열린다. 각 분야의 최고 전문가를 초청해 강연회를 열거나 관련 인사를 초빙해서 조언을 듣기도 한다.

이런 행사는 참가 자격이 비교적 엄격하기 때문에 사전에 대상자의 이력서를 요구하여 심사하는 경우가 많다. 지난 연말에 언론에도 자주 등장하는 유명 콘텐츠업체가 주최한 행사에 참석한 적이 있다.

나는 친구 한 사람과 함께 가기로 약속했는데, 친구에게서 행사 전날까지 초대장을 받지 못했다는 연락이 왔다. 나는 친구에게 이력서를 어떻게 보냈느냐고 물었고, 잠시 후 그가 보내온 이력서를 보고 하마터면 기절할 뻔했다.

그가 보낸 이력서에는 'B제약회사 교육담당 CEO', 'A대학 마케팅학 MBA 전공'이라고 적혀 있었다. 하도 기가 차서 내가 물었다.

"왜 B제약회사 특별 계약 작가라고 쓰지 않았어? 그동안 건강 관련 글도 많이 써왔고, 지금은 SNS 구독자만 5만 명이 넘잖아?"

그의 대답은 이랬다.

"CEO라고 하면 고위직으로 보여 선정될 확률이 높을 줄 알았지."

'제약회사 교육담당 CEO'라면 이름값은 매우 높지만, 콘텐츠업체가 생각하는 '크리에이티브'와는 별로 관련이 없다. 너도나도 참여하겠다고 해서 경쟁이 치열한 행사에 아무 관련도 없는 사람이 와서 머릿수만 채우는 게 무슨 의미가 있을까? 자기PR을 하고 싶다면 때와 장소, 대상자를 정확히 파악해야 한다. 이것도 '단샤리'의 하나임을 잊어서는 안 된다.

## 10년 단위로 끊어서 인생을 돌아보니

작년에 세계여성지도자회의에 참석한 적이 있다. 그런데 강연에 나선 유명한 여성작가가 연단에 오르자마자 이런 말을 했다.

"텔레비전 프로그램에 게스트로 출연한 적이 있는데 명함을 건네받은 진행자의 표정이 안 좋더군요. 알고 봤더니 제 명함에 '칼럼니스트, 심리상담사, 영어 전문번역가, 국제 아로마테라피 전문가, 미용협회 이사 등 직함이 너무 많아서였어요."

그녀는 이렇게 청중의 웃음을 이끌어내더니 진행자가 이런 농담도 하더라고 덧붙였다.

"이렇게 많은 일을 하면 그 무게 때문에 어떻게 살아가세요?"

어떤 사람은 그 여성작가가 그간 얼마나 많은 일을 해냈고, 또 얼마나 큰 성공을 거두며 여기까지 왔는지 감탄할지 모른다. 하지만 그녀는 이 일이 있은 뒤 자기 삶을 전혀 다르게 평가하게 되었다고 말했다.

"제 인생을 10년 단위로 끊어서 돌아보니 수많은 실패와 시행착오를 겪었음을 깨달았답니다."

물론 그 과정에서 소중한 경험도 많이 쌓았고 얻은 것도 많았다. 하지만 그녀는 부득이한 상황에 떠밀려 억지로 선택한 적도 많았다고 솔직하게 고백했다. 그녀는 이런 말로 강의를 마무리했다.

"제 시행착오는 여기까지입니다. 이제부터는 오로지 제가 하고 싶은 일만 할 겁니다."

지금은 본인이 가장 원하고, 가장 잘할 수 있는 일인 심리상
담사의 길을 선택해서 고단한 인생을 살아가는 사람들을 돕고
있고, 심리 분야 베스트셀러를 몇 권 펴낸 스타 작가로도 이름
을 알리고 있다.

　언젠가부터 그녀 명함에는 '심리상담사'라는 단 하나의 직
함만 적혀 있다고 한다. 작가는 심리학자의 길을 걸어가면서
얻게 되는 부수적 직업일 뿐 자신은 어디까지나 심리상담에
나머지 삶을 바치겠다고 했다. 나는 단순하지만 묵직한 의미
가 도사린 그 직함이 그녀의 품격을 말해준다고 생각했다.

# 03

# 우리는 좀더 이기적으로
# 살 필요가 있다

## 타인과 차이를 받아들이지 않는다면

언젠가 인터넷에서 이런 기사를 읽은 적이 있다. 미국 여배우 줄리아 로버츠가 2014년 아카데미 여우조연상 후보에 오른 지 얼마 되지 않았을 때 그녀 여동생이 자살했다는 기사였다. 그 여동생은 아주 긴 유서를 남겼는데, 절반 이상이 언니를 지독하게 비난하는 내용이었다.

자매의 불화는 오래전부터 널리 알려져 있었다. 여동생은 트위터에서 언니를 끊임없이 비난했다. 매우 차갑고 무정하며 자기를 뚱뚱하다고 오랜 세월 조롱하고 모욕했다고 비난했다.

"제가 고등학교에 다닐 때 언니는 이미 성인이었어요. 그런데 제가 너무 뚱뚱하다며, 저의 오랜 꿈인 연예인의 길을 가지 말라고 끊임없이 윽박질렀어요. 저에겐 너무도 큰 상처였죠."

여동생은 한때 로스앤젤레스로 가서 연예계 진출을 모색했지만 여의치 않았다. 그 결과 자포자기 심정이 되었고, 결국 폭식증에 걸려 살이 찌게 되었다.

언니가 아카데미상 지명자를 위한 오찬에 참석하기로 예정된 날을 골라 극단적인 선택을 한 것은, 여동생이 언니 얼굴에 먹칠을 해서라도 수상 자체를 막으려는 음모라는 소문이 돌았다. 이것이 사실이라면 그 여동생은 언니를 괴롭히기 위해 자기 목숨을 버린 셈이다.

이 기사가 나간 뒤 줄리아 로버츠는 실제로 아카데미상 지명자를 위한 오찬에 모습을 드러내지 않았다. 여동생은 정말로 할리우드 스타인 언니 때문에 받은 스트레스 탓에 자살했을까?

줄리아 로버츠의 집안을 찬찬히 살펴보면, 그녀가 언니 때문에만 스트레스를 받지 않았음을 알 수 있다. 그의 부모, 오빠, 언니는 모두 배우였다. 심지어 조카딸 엠마 로버츠도 장래가 촉망되는 영화계의 샛별이라며 화제를 몰고 다녔다. 그런가 하면 엠마의 이복동생 그레이스는 다섯 살도 되기 전에 이미 앨범을 냈다.

　이런 화려하고도 시끌벅적한 환경에서 몸무게가 130킬로
그램이 넘는 여자가 어떤 대우를 받고, 어떤 감정 속에 지냈을
지는 충분히 짐작이 가고도 남는다. 그렇다 하더라도 스스로
목숨을 끊는 것으로 타인에 대한 분노를 표출하는 방식을 택
한 것은 너무 안타깝다.

　사람은 누구나 남들과 다르게 태어난다. 타인과 차이를 인
정하고 순순히 받아들이지 않는다면 마음속에 좌절감과 열등
감이 쌓이게 되고, 이것이 결국 마음의 블랙홀로 자라게 된다.

　어떤 이들은 그녀가 자살함으로써 항상 고대했던 화제의 주
인공이 되는 꿈을 이뤘다고 말하기도 했다. 하지만 그게 무슨
소용인가? 꿈은 이뤘을지 몰라도 그녀 자신은 그것을 느낄 수
없는데 말이다.


## 내가 속한 위치를 찾지 못하는 어리석음

"지난 25년간 심리학을 연구하면서 한 가지 중요한 사실을 발
견했다. 그건 바로 사람은 자기만의 인생을 살아가는 게 제일
중요하다는 것이다."

심리학자 우즈훙(武志紅)의 말이다. 이처럼 단순한 이치가 수만 명의 사연을 듣고 6,000시간 이상 심리상담을 하고, 300만 자 이상의 글을 쓴 저자가 25년의 시간을 들여서 발견할 만큼 심오하단 말인가?

사람들은 처음부터 이런 이치를 다 알고 있었다고 말한다. 하지만 정말로 알고 있었을까? 그렇지 않다. 사람들은 사실 어떻게 하면 자신을 괴롭히고 불쾌하게 만들지에 집중하며 살아간다. 그러기 위해 끝없이 남과 비교하고 타인의 인생을 모방한다.

어떤 일은 도전해서 쟁취할 수 있지만 세상에는 내 힘으로 바꿀 수 없는 일이 훨씬 더 많다. 가령 아무리 하느님의 힘을 빌린다 해도 톱모델처럼 다리가 길어질 수 없다.

나도 저렇게 되고 싶다며 미친 듯이 노력해도 뜻대로 되지 않는 게 엄연한 현실이고, 그게 바로 인생이다. 만약 이런 사실을 순순히 받아들이고 차분히 마음을 다스린다면 문제가 없겠지만, 그러지 않는다면 질투심이나 증오 같은 부정적 정서에 휩싸이게 된다.

모든 인간은 태어나서 죽을 때까지 각자 다른 경험을 하며 살아간다. 하지만 누구든 자기만의 인생을 찾아야 한다는 결론에서는 마찬가지다. 그것은 달리 말해 드넓은 세상에서 자신에게만 속한 위치를 찾으라는 것이다.

줄리아 로버츠의 동생은 왜 그토록 언니처럼 되려고 애를 썼을까? 그녀가 스타가 되겠다는 집착을 내려놓았더라면 그녀의 미래는 달라졌을 것이다. 훌륭한 의상 디자이너가 될 수도 있었고, 유능한 교사가 될 수도 있었다.

만약 당신이 사과라는 존재임을 깨달았다면, 최선을 다해 조금이라도 더 달콤해지려고 노력해야 한다. 반대로 당신이 레몬이라면 더 새콤해지려고 발버둥 쳐야 한다. 자기가 사과인데도 레몬이 되겠다고 고집을 피운다면 당신 삶은 가시밭길이 될 게 뻔하다.

줄리아 로버츠의 동생은 결코 언니보다 못나게 태어나지는 않았을 것이다. 어느 분야에서는 언니보다 잠재력이 훨씬 더 많았을지도 모른다. 결국 그녀를 파멸시킨 것은 드넓은 세상에서 내가 속한 위치를 찾지 못한 어리석음이었다.

## 목공예 장인이 되고 싶었던 중국 황제

투자의 귀재라 불리는 워런 버핏이 어렸을 때 아버지는 끊임없이 이렇게 말했다고 한다.

"너만의 느낌을 존중해야 한다. 네 감각이 특별할수록 다른 사람들이 너한테 이러쿵저러쿵 말하기를 좋아할 테지만, 그런 때일수록 너 자신의 감각을 더욱 믿어야 한다."

아버지의 가르침은 워런 버핏의 인생에서 중요한 출발점이 되었다. 이런 가르침 덕분에 그는 다른 사람의 말에 쉽게 휘둘리지 않을 수 있었고, 타인의 성공 스토리를 부러워하지 않게 되었다고 한다.

"아버지의 가르침 덕분에 누군가 욕심을 낼 때 나는 두려워할 수 있었고, 누군가 두려워할 때 나는 과감히 욕심을 낼 수 있었다. 그게 나의 투자 성공 비법이다."

나는 진짜 행복이란 자기 의지에 따라 자신만의 삶을 정의할 수 있느냐에 달려 있다고 생각한다. 자기 의지에 따라 삶을 정의할 수 있으려면, 다음 두 가지 조건을 충족해야 한다.

첫째는 자기 마음을 있는 그대로 바라보면서 자기를 객관화할 수 있어야 한다. 둘째는 이를 바탕으로 자기 인생을 통제할 수 있어야 한다. 만약 이렇게 하지 못한다면, 고통이 반복될 뿐이다. 그렇지 못하다면 세상을 호령하는 황제라 해도 삶이 즐겁지만은 않을 것이다. 여기 이런 사실을 온몸으로 대변하는 산증인이 있다.

명나라 마지막 황제 숭정제(崇禎帝)는 목공예에 천부적 재능을 지닌 사람이었다. 나무를 조각하는 솜씨가 너무나 정교해서 누구보다 뛰어났다. 그가 만약 황실에서 태어나지 않았더라면 훌륭한 목공예 장인이 되어 이름을 떨쳤을지도 모른다.

하지만 안타깝게도 그는 망해가는 나라의 군주로 태어났다. 그의 처지에서 보면 황제 노릇은 말할 수 없이 어려웠지만, 목공예 장인은 자신만의 인생을 사는 최상의 선택이었을 것이다.

얼마 전 작가 장숴(蔣碩)의 책 《이기적인 나(自私書)》에서 이런 대목을 읽었다.

"인간은 좀더 이기적으로 살 필요가 있다. 그리고 '나는 누구인가?', '나는 무엇을 어떻게 해야 하는가?'를 스스로에게 자주 물어봐야 한다."

타인의 삶을 모방하거나 그들의 가치관에 흔들리지 말고, 자기만의 길을 고집하라는 뜻이다. 자신을 좀더 이성적으로, 그리고 직접적으로 평가해서 그에 따라 결론을 도출하라는 말이기도 하다. 결론을 조금이라도 더 잘 도출할 수 있게 되면, 자신의 인생 목표가 명확해지고 의지도 굳건해질 것이라고 장숴는 말한다.

당신은 누구인가? 당신은 무엇을 어떻게 해야 하는지 아는가? 당신이 여기에 당당하게 답할 수 있게 되기를 바란다.

# 04

# 무엇을 먼저 버려야 할까

## 나의 스트레스 해소법

언젠가 한 중년 여성과 대화를 나누다 재미있는 사실을 알게 되었다. 그녀가 젊었을 때는 보온병이 아주 귀해서 결혼증명서가 있어야만 구입할 수 있었다고 한다.

그 말을 듣고 나는 재미있다 못해 황당하다고 느꼈다. 아니 그럼 솔로들은 뜨거운 차 한잔 마실 자격도 없었다는 뜻인가? 오늘을 사는 우리 부모 세대만 해도 그렇게 물자가 태부족한 시대를 살았다는 뜻일 게다.

하지만 요즘 세대의 고민은 이전 세대와는 전혀 차원이 다르다. 예전에는 물자가 부족해서 고통받았지만 지금은 넘쳐나는 물건을 다 살 수 없어서 괴롭고, 그렇게 장만한 물건을 어떻게 간수해야 할지 몰라서 고민스럽다.

요즘 우리 고모는 심각한 고혈압 때문에 힘들어하신다. 고모 댁을 찾을 때마다 집 안의 고물들 좀 버리라고, 그럼 병이 조금은 나아질지도 모른다고 잔소리하지만 거의 강박증 수준인 고모는 물건을 쌓아두기만 할 뿐 버리지를 못한다.

집에는 모든 가전제품이 두 대씩 있다. 텔레비전도, 냉장고도, 세탁기도 마치 쌍둥이처럼 똑같은 것이 두 대가 나란히 놓여 있다. 옷과 일상용품이 집 안에 산처럼 쌓여 있어서 막상 입고 싶은 옷을 제때 찾지 못할 경우가 많다.

이렇게 쓸모없는 물건들이 그렇지 않아도 비좁은 집 안을 가득 채우고 있고, 심지어 이것들이 베란다로 연결된 문까지 가로막아서 몸을 간신히 비틀어야만 겨우 빠져나갈 수 있다.

고혈압은 정서와 관계가 밀접하다. 창고와 같은 방에서 오랫동안 지내면 숨 쉬기가 어려워지고 짜증이 날 수밖에 없다. 낡은 물건을 처분하고 주거 환경을 깔끔하게 정리하면 분명히 건강에 큰 도움이 될 것이다. 고모의 고혈압은 어쩌면 고모 스스로 만들어낸 주거 환경과 밀접한 상관관계가 있을 것이다.

노인들이 거주하는 오래된 집은 세월의 무게를 견뎌온 오래된 물건들이 집 안을 온통 차지한 채 주인 행세를 하고, 사람은 오히려 조연으로 밀려나 있는 경우가 많다.

내 친구의 할아버지는 친구가 어렸을 때 타던 낡은 자전거를 아직도 보관하고 있다고 한다. 그가 사는 집은 베이징 시내에서도 중심부로 땅값이 가장 비싼 지역에 있다. 땅값 대비 계산을 해보니, 그 낡은 자전거가 보관되어 있는 방은 시가로 약 4억 원짜리 공간인 셈이었다.

심리학자들의 말에 따르면, 노인들은 안전에 대한 욕구가 강해서인지 뭐든 가득 차 있어야만 안전하다는 느낌을 받는다고 한다. 그런데 노인은 오래된 물건을 버리지 못하는데 젊은이는 새 물건을 끊임없이 사들인다는 데 문제가 있다.

나는 한때 상당히 오랫동안 쇼핑사이트를 돌아다니며 물건을 사들이는 걸 유일한 스트레스 해소법으로 삼았었다. 잠들기 전의 그 쾌락을 결코 멈출 수 없었지만, 부작용은 뚜렷했다. 집 안에 아무 쓸모도 없는 물건이 가득가득 쌓여갔기 때문이다.

그런 방식으로 스트레스를 풀려고 노력했으나 전혀 도움이 되지 않았다. 새 물건을 사면 잠시 동안은 삶에 빛이 나는 것 같은 착각이 들었지만, 짧은 쾌락이 지나고 나면 모든 게 원래대로 돌아가 있었다. 디자인이 화려한 신제품 때문에 줄어든 내 방과 쪼그라든 통장잔고 말고는 내 삶에 어떤 변화도 없었다.

## 내가 진짜 원하는 모습을 정하자

얼굴이 예쁜 여성일수록 집 안이 지저분하다는 말이 있다. 다른 사람들 앞에서는 예쁘고 깔끔하게 보이지만, 아무도 없는 곳에서는 정리정돈과는 담을 쌓고 살아가는 사람들이 주변에 적지 않다.

우리가 물건을 점유할 때, 물건은 동시에 우리를 점유한다. 무엇을 점유할까? 바로 우리의 소중한 시간과 공간을 여지없이 빼앗아간다. 우리 세대에 물건을 정리한다는 것은 이제 육체노동이 아닌 일종의 정신노동이다.

그 결과 놀랍게도 '정리 수납 전문가'라는 신종 직업까지 생겼다. 삶이 정돈되어 있지 않고 집 안에 수많은 잡동사니가 가득한 것은 어떤 물건이 우리의 생활방식과 개인의 상황에 가장 적합한지 모르기 때문에 일어나는 현상이라고 한다.

우리와 물건의 관계는 우리 심리상태를 밖으로 표출하는 결과물이라는 사실을 알고 있는가? 우리가 무엇을 사고, 쓰고,

버리는지는 사실 우리가 자신의 심리상태를 어떻게 대하는지에 따라 결정된다.

한 친구는 침실에 딸린 화장실을 드레스룸으로 개조하여 어마어마한 양의 옷과 신발을 보관했다. SNS에 있는 셀카 사진을 보니 어떤 때는 젊은 보헤미안 여성 스타일이었다가 어떤 때는 유럽의 패션모델로 바뀌고, 또 며칠이 지나서는 정장을 입은 화이트칼라로 바뀌었다.

나는 도무지 이해가 되지 않았다. 그녀는 왜 이렇게 다양한 스타일의 의상을 끊임없이 구입할까? 왜 자신을 '살아 있는 옷걸이' 취급을 할까?

언젠가 그녀와 얘기할 기회가 있었다. 대학 동창 모임에 갔는데 한 친구가 흰색 티셔츠에 청바지를 입고 왔다고 한다. 검은색 머리는 질끈 묶었고, 귀에 작은 귀걸이 외에는 특별한 액세서리도 하지 않았다. 그런데 오히려 그 친구가 더 젊고 건강해 보였다.

그러자 변화무쌍하게 사는 친구는 즉시 자신의 밤색 머리칼을 검은색으로 바꾸고, 흰색 티셔츠 석 장과 보석류로 만든 작은 귀걸이 여러 개를 구입했다.

며칠 뒤 학부모 회의가 있어 참석했는데, 대부분 엄마가 잘나가는 직장 엘리트 분위기를 발산했다. 그녀는 그 모습이 너무나 부러워서 당장 직장여성용 명품 정장 몇 벌을 구입해서 옷장에 채워 넣었다고 한다.

그때서야 나는 상황이 이해되었다. 능력 있는 남편을 만나 일찌감치 경제적 자유를 실현한 그녀는 더 우수하고 완벽해 보이고 싶은 욕망에 시달렸던 것이다.

하지만 아무리 발버둥친다 한들 빈약한 내면을 채울 방법은 없었고, 결국 외면적 이미지에 공을 들일 수밖에 없었다. 타인을 무조건 모방함으로써 성취감을 대신하겠다는 생각이 끊임없는 쇼핑으로 이어진 것이다.

그녀 삶에서 정말로 중요한 일은 무엇일까? 그것은 옷이나 보석류나 값비싼 요리가 아니라 자기가 진짜 원하는 모습을 정하고, 나아가 자신에게 어울리는 스타일이 무엇인지 깨닫는 일일 것이다.

## 잡다한 인간으로 보이고 싶지 않다면

집이 너무 지저분하고 삶이 불규칙한 원인은 매우 많지만, 그에 따른 증상은 딱 하나, 물건이 너무 많다는 것이다. 그래서 사람들은 '단샤리'를 외친다.

'단샤리'는 원래 일본 작가 야마시타 히데코(山下秀子)가 제안한 미니멀라이프 철학으로, 새로 들어오는 물건 가운데 불필요한 것을 끊고(斷), 이미 가지고 있는 물건 가운데 불필요한 것을 버리고(捨), 새로운 물건에 대한 집착에서 벗어나(離) 마음가짐과 인생을 정돈해가는 과정을 말한다.

일본에서는 2016년 텔레비전 드라마 〈우리 집에는 아무것도 없어(わたしのウチには, なんにもない。)〉가 큰 인기를 끌면서 단순함을 실천하고, 이를 적극적으로 선언하는 사람들이 폭발적으로 늘었다. 그들은 집 안에 꽉 들어찬 물건을 100개 이하로 줄였고, 심지어 '매일 낡은 물건 한 개씩 버리기'를 제안하는 이들도 생겼다. 전부 다 버리고 이젠 집 안에 네 벽만 남았다는 이야기도 있었다.

단샤리의 본질은 정리하는 법을 가르친다거나 반대로 무조건 버리라고 강요하는 게 아니다. 오히려 물건을 차분히 정리함으로써 나 자신을 제대로 이해하고, 혼란스러운 내면을 정리해 인생을 좀더 쾌적하게 만드는 기술이다.

즉 바깥을 정리함으로써 내면을 변화시키고, 나아가 물건에 집착하지 않는 경지에 이르도록 유도하는 것이다. 그러면 마침내 물건의 노예에서 벗어나 진정으로 자유로운 삶을 영위할 수 있게 된다.

이처럼 단순한 삶은 기존의 삶의 방식을 완전히 바꿔놓을 수 있다. 하지만 단순한 삶은 스스로 가난해져 궁상을 떠는 생활과는 완전히 다르다. 단샤리는 결코 궁핍하게 살라고 강요하는 게 아니다. 오히려 적게 가져도 멋진 삶을 살 수 있다고 가르친다.

스티브 잡스는 평생 적게 사는 삶을 실천했다. '적을수록 더 좋다(Less is more)'는 미니멀리즘은 그의 디자인 철학이자 삶의 철학이었다.

스티브 잡스의 대표적 이미지는 검은색 티셔츠에 청바지 차림이다. 1982년 어느 날, 사진작가가 스티브 잡스 집에서 사진을 찍었는데 방 안에는 스탠드와 음향기, LP플레이어가 전부였다.

하지만 모든 물건은 초감성의 디자인 감각으로 세심하게 고른 것이었다. 그는 이런 단순하고 소박한 환경에서 스탠드에 불을 켜고 자리에 앉아 세상을 뒤바꾼 숱한 아이디어를 떠올렸는지도 모른다. 훗날 그는 그나마도 거실에 소파 하나만 남긴 채 모두 치웠다고 한다.

모든 물건은 꼭 하나만 구입하되 자기 능력 범위 안에서 최대한 품질이 좋은 것을 고른다. 이때 값이 나가는 것이어야 최대한 잘 사용할 수 있고, 품질이 좋아야 오래 사용할 수 있다.

그러면 돈이 많이 든다고 반문하는 사람이 꼭 있다. 그에게 나는 이렇게 대답하겠다.

"그래야만 싸구려 물건을 잔뜩 사들이는 일을 막을 수 있답니다."

'단샤리'는 물건 몇 개를 버리는 식으로 단순하지가 않다. 물건 버리기는 표면적 수단에 불과하다. 진정한 취지는 미니멀리즘을 받아들이고 실천하면서 물건에 대한 집착을 끊는 데 있다. 즉 물욕에 집착하지 않고 필요한 최소한의 것만 추구하면서 본질적인 것에 집중하는 삶이다.

단샤리의 주인공은 물건이 아니라 우리 자신이라는 것이 중요하다. 다시 말해 집 안에 꽉 들어찬 물건을 버리는 차원을 넘어 우리 가슴속에 있는 온갖 잡다한 상념을 내다버리는 것이다.

내가 사용하는 물건들이 내 이미지를 가장 잘 보여주듯이 내 마음속의 생각과 그로써 표현되는 행동이 나의 모습을 그대로 보여준다는 점을 잊지 말자. 당신은 다른 이들 눈에 잡다한 사람으로 보이고 싶은가?

물질과잉의 시대에 소유한 것을 버릴 줄 알고 우수한 물건을 고르는 눈을 키울 수 있다면 삶은 아주 단순해지고, 우리가 진정으로 원하는 모든 것과 함께 살아갈 수 있다.

## 05

# 가슴속에 가득한 고민을
# 내려놓으려면

### 버릴 것과 취할 것을 구별하는 눈

작가 우단루(鳴淡如)는 《시간 관리의 행복학(時間管理幸福學)》이라는 책에 이렇게 썼다.

"우리는 살아가면서 버릴 것과 취할 것을 구별하는 눈을 키워야 한다. 또 꿈은 한번이 아니라 순차적으로 이뤄나가야 한다. 인생의 목표를 달성한 다음 미쳐버리고 싶지 않다면 말이다."

사람은 왜 고민에 빠질까? 현명하게 선택할 줄 모르기 때문이다. 선택의 기로에서 두 가지 모두를 놓치기 싫어하는 게 인간의 속성이다. 그러니 고민과 번뇌에 빠질 수밖에 없다.

어떤 선택을 하든 고통스럽기는 마찬가지다. 심지어 두 가지를 모두 해내는 게 불가능한 줄 알면서도 무모하게 덤벼드는 사람이 부지기수다. 결국 과부하가 걸려서 어느 것 하나 제대로 해내지 못하고 몸과 마음은 만신창이가 된다.

이런 고민을 즐기는 사람도 있다. 큰일이든 작은 일이든 가리지 않는다. 인생의 중대사만 고민하는 것이 아니라 심지어 어떤 브랜드의 치약을 살지를 두고 한나절 동안 고민하기도 한다.

이미 결정한 선택을 뒤집느라 고민에 빠지는 사람도 있다. 기껏 선택해놓고도 시간이 조금 흐르면 처음 결정이 잘못되었다고 생각해서, 또는 지금의 선택이 처음에 포기했던 것만큼 좋지 않다고 판단해서 후회한다.

그러니 그 후 선택의 기로에 서게 되면 더욱더 큰 고민에 빠지게 되고, 더 소심해지고, 모든 일에 노심초사하게 된다. 그러다가 결국 하루 종일 긴장에서 헤어 나오지 못하는 심리상태가 된다.

일상생활에서 긴장지수가 너무 높으면 매우 강한 심신 반응을 유발하고, 그 결과 다음과 같은 증상이 나타날 수 있다.

- 불면증에 걸리거나 너무 일찍 잠에서 깬다. 그리고 밤새 잠을 제대로 자지 못한다.
- 머리가 깨질 듯이 아프다.
- 허리와 어깨가 아프다. 그러다 만성통증이나 질병으로 발전할 수도 있다.
- 식욕이 없거나, 반대로 폭식증에 자주 걸린다.
- 정서의 기복이 너무 크다. 두려움이나 우울감을 자주 느낀다.
- 가족이나 친구들과 충돌하는 횟수가 눈에 띄게 늘어난다.

그밖에도 수많은 부작용이 일어나지만 이쯤에서 끝내자. 이러한 부작용을 하나하나 거론하다보면 심신의 건강을 유지하고 삶의 질을 높이기 위해서는 하루 빨리 고민에서 해방되고 삶을 여유롭게 바꿔야 한다는 사실을 알 수 있다.

삶을 망가뜨리는 원인은 잘못된 선택이 아니라 지나친 고민에 따른 심신의 긴장 때문이고, 긴장에서 파생되는 수많은 부작용 때문이다. 어려운 문제를 잠시 제쳐둔다고 해서 지구가 갑자기 멈춰 서지는 않는다는 점을 잊지 말자.

# 차분히 순리를 따르는 삶이 중요하다

작가 리거(黎戈)는 《새벽의 아름다움(晨之美)》이라는 자신의 책에 이렇게 썼다.

"나는 잘 정돈되고 규칙적인 삶을 살고 싶다. 매일 제 시간에 일어나 일하고 싶다. 갑골문자(甲骨文字)를 한 자씩 배우고, 식물 하나씩을 익히고, 새 책 한 권을 읽고, 메모를 한다. 밤에 잠자리에 누울 때는 어제보다 더 단단해졌음을 느낀다. 마치 새 잎이 하나 돋아난 듯이 말이다. 마찬가지로 사랑과 우정도 안정적으로 꾸준히 키워나가는 느낌을 좋아한다. 시간이 흐르면 무엇이 무거워졌는지, 또 무엇이 자랐는지 알 수 있을 테니까."

이런 사람은 선택의 기로에서 결코 고민에 빠지지 않는다. 그들은 맑은 지혜와 분명한 생각이 있고, 자신이 노력해야 할 방향도 정확히 알고 있다. 그래서 선택의 순간에 생각을 단순화할 수 있다. 게다가 생활이 항상 규칙적이고 그동안 꾸준히 실력을 쌓아왔기 때문에 안절부절못하거나 허둥거리는 일이 없다.

항상 고민에 빠져 지내는 사람들은 고민거리가 다른 사람보다 크고 많기 때문이 아니라 오히려 고민 상태에서 벗어나지 못하는 게 주된 원인일 때가 많다.

그들은 한 가지 결정을 내렸다가도 금세 새로운 고민에 빠지곤 한다. 만성적인 고민증후군을 앓아서, 심지어 무엇을 고민해야 할지를 고민한다는 우스갯소리도 있다. 정말로 고민의 고통에서 벗어나고 싶다면 이런 심리상태에서 벗어나야 한다.

고민 상태를 일으키는 핵심적 원인은 두 가지다. 첫째는 지나친 욕심이고, 둘째는 지나친 생각이다. 정말로 결정을 내릴 수 없을 때, 아무리 애써도 100퍼센트 정확한 답을 얻을 수 없어 보일 때, 그때는 차분히 순리를 따르는 편이 현명하다.

순리를 따른다는 말은 무슨 뜻인가? 물이 한쪽 방향으로 흐르고 있다고 하자. 이때 배의 노 젓기를 잠시 멈추고 물길을 바라보면 물살이 얼마나 거센지 알 수 있다. 물살에 저항하지 않고 그 물길을 따라 노를 젓는다면 전혀 힘들지 않다.

이런 식으로 물길이 끝나는 곳에 도착하면 어느 사이엔가 스스로 많은 에너지를 비축했음을 느끼게 된다. 그럼 물살이 다른 방향으로 바뀌더라도 거기에 맞춰 계속 노를 저어 앞으로 나아갈 수 있다. 순리에 따르는 법을 배우자. 그러면 우리 삶은 더없이 단순해질 것이다.

# 내 삶이 예전보다 더 빛나려면

모든 것이 잘 정돈되고 규칙적이게 만들고 싶다면, 또는 심신과 삶 모두를 질서정연하게 유지하기를 원한다면 끊임없이 '잠시 내려놓기'를 실천해서 몸과 마음에 휴식을 주는 법을 배워야 한다.

긴장과 이완을 적절히 조절해야만 언제나 최상의 상태를 유지할 수 있다. 해야 할 일은 중요도와 시급성에 따라 우선순위를 정하고 중요한 일부터 먼저 처리한다. 우선순위를 정하고 순차적으로 처리해야만 자질구레한 일 때문에 허둥대고 끝내 스트레스가 폭발하는 사태를 방지할 수 있다.

바쁘게 살아가는 삶에서 어느 하루를 온전히 비워두고 느긋하게 쉬기란 생각만큼 쉽지 않다. 더구나 며칠 쉬고 나서 그보다 몇 배나 긴 시간 산더미 같은 일에 파묻혀야 한다면 이를 원할 사람은 많지 않을 것이다.

따라서 차라리 일상 속에서 잠깐씩 짬을 내어 스스로에게 여유를 주는 방식이 현명할지도 모른다. 밖에서 바쁘고 힘든 하루를 보냈다면 집에 돌아와서는 철저하게 쉬어야 한다.

만약 퇴근 후에도 계속 일해야 한다면 하루에 최소한 한 시간은 온전히 쉬는 데 투자해야 한다. 침대에 누워서 느긋이 눈을 감거나 호흡을 가다듬거나 아무 생각 없이 멍 때리거나 마음의 고요함을 느낄 수 있도록 하자.

그럼 한 시간 뒤 온몸에 새로운 에너지가 샘솟는 걸 느낄 수 있다. 어떤 사람은 시간낭비로 여길 수도 있다. 하지만 한 시간을 투자해서 그 뒤에 몇 시간 동안 몰입해서 일할 수 있다면 그게 오히려 이익이 아닐까?

지나친 고민은 일종의 자기학대다. 그건 끊임없이 자신을 갉아먹고 착취하는 행위다. 스스로에게 질서정연하고 규칙적인 삶을 선물하자. 잠을 푹 자자. 매일 최소한 한 시간씩 짬을 내어 온전히 쉬는 연습을 계속하자.

끊어지기 일보 직전까지 꽉 감아놓은 태엽을 조금 느슨하게 풀어놓자. 그런다고 지구가 갑자기 멈춰 서지도 않고 당신이 해놓은 일들이 망가질 우려도 없다. 조금만 여유를 가지면 고민거리는 자연스럽게 사라진다. 그래야만 당신 삶도 예전보다 빛날 수 있다.

—

# PART 2

# 삶에는 삶의 지혜가 있고,
# 우리에게는 우리의 노하우가 있다

# 06

# 내 손안에 있는 황금덩어리

## 인간에게 가장 무서운 일은 무엇일까?

청나라 말기인 1800년대 후반, 난징(南京)의 기방에 절세미녀가 기녀로 있었다. 기녀는 어느 날 기방을 찾아온 귀족의 아들과 눈이 맞아 하룻밤을 보내며 평생을 함께하기로 맹세했다. 다음 날 아침, 여자는 남자에게 자기 사진을 건네며 빨리 돌아와달라고 말했다.

남자의 아버지는 조정의 지체 높은 귀족이었다. 남자는 그날로 집에 돌아가 아버지에게 문안인사를 드리려고 절을 하다가 실수로 주머니에 넣어두었던 여자의 사진을 떨어뜨리고 말았다.

다급해진 남자는 야단을 맞을까봐 두려워 아버지에게 바치려고 직접 물색한 기녀라고 둘러댔다. 당시 아버지에게는 이미 첩이 여러 명 있었는데도 아버지는 흡족한 표정을 지으며 사진을 슬쩍 보았다. 그랬더니 과연 뛰어난 미녀였다. 아버지는 당장 그 여자를 데려오라고 했다.

그날 밤, 기녀를 태운 가마가 저택으로 들어왔고 곧장 신방으로 들어갔다. 그런데 잠시 후 방으로 들어온 사람은 젊고 잘생긴 며칠 전의 남자가 아니라 난생처음 보는 노인이었다.

당대 제일의 세도가 집에 들어왔으니 나갈 방법이 없었고, 하룻밤을 함께했던 그 청년은 이제 그녀의 아들이 되었다. 여자는 운명을 받아들일 수밖에 없었고, 결국 노인과 살면서 아이를 연달아 다섯이나 낳았다.

세도가는 역시 세도가였다. 남편이 죽은 후 본처와 첩이 많았음에도 그녀는 거액의 유산을 물려받을 수 있었다. 은화 26만 4,000위안, 금괴 20개, 100칸짜리 주택이 그녀 몫으로 주어졌다.

은화 26만 4,000위안은 당시 시가로 상하이 중심가 주택 30채는 살 수 있는 거금이었다. 여기에 금괴 20개와 100칸짜리 주택을 더하면 평생 놀고먹어도 남을 만큼 어마어마한 재산이었다.

여자는 이왕 이렇게 되었으니 마음껏 즐기며 살기로 결심했다. 비서를 여러 명 두고, 매일 밤 친구들을 불러 파티를 벌이며 물 쓰듯 돈을 썼다. 그래도 돈은 많이 남아 있었기에 비서의 권유에 따라 여기저기 투자했지만 그 돈이 어떻게 돌아가는지는 관심 밖이었다.

그렇게 20년 가까이 방탕하게 먹고 마시고 놀다보니 그 여자는 집 안에 쌀독이 빌 정도로 가난해졌고, 그 많던 돈은 한 푼도 남지 않게 되었다. 그녀는 결국 베이징 길거리에서 노점상을 하며 겨우 입에 풀칠을 해야 했다.

그렇게 10여 년이 지난 1958년, 그 여자 나이는 68세였다. 그해 마지막 날 밤, 그녀는 굶주림과 질병에 떠밀려 쓸쓸히 세상을 떠났다.

그녀가 죽고 한 달 뒤 중국은행 베이징 지점으로부터 우편물 하나가 그녀가 살던 집으로 날아왔다. 남편이 죽었을 때 그녀에게 건네진 은화 6,000위안이 너무 오랫동안 방치되어 있으니 확인을 바란다는 내용이었다.

당시 상하이 일반시민의 한 달 생활비가 10위안 정도였으니 6,000위안이면 실로 엄청난 거금이었다. 이 돈은 그녀에게 건네진 유산 26만 4,000위안 중 일부로, 그녀도 은행에 넣어두었다는 걸 까맣게 잊은 돈이었다.

다시 반년이 지나서 또 다른 공문서가 그녀 집에 도착했다. 난징에 있는 주택 한 채가 그녀의 개인 재산이라는 내용이었다. 일본 침략 시기에 일본군이 점유한 적이 있는데, 이제 사유재산 정책을 실시하니 본인이 직접 그 집을 접수하라는 통보였다.

자기 소유 주택이 있다는 사실조차 모르고 비루하게 산 말년의 삶은 무엇이란 말인가? 물 쓰듯 써버린 재산이나 난징의 주택은 그만두고라도 은행에 넣어두었던 은화 6,000위안만 있었어도 그녀의 마지막 몇 년은 편안했을 것이다. 그런데도 그녀는 왜 그 돈을 찾지 않았을까? 이유는 그녀가 이 돈의 존재 자체를 까맣게 잊었기 때문이다.

이 여자는 청나라 말기의 최고 권력자이자 중화민국 초대 대총통을 지낸 위안스카이(袁世凱)의 여섯째 부인 예전(葉蓁)이다. 엄청난 재산을 손에 쥐고도 반평생을 춥고 가난하게 살았고, 평생 어리석은 실수를 끊임없이 저질렀던 그녀는 그렇게 자기 삶을 의미 없이 보내고 말았다.

그녀 삶에서 배울 것이 하나 있다. 인간에게 가장 무서운 일은 돈이 없는 게 아니라 머리가 없는 것이라는 사실 말이다.

그녀의 일생을 돌아보면 손에 쥔 카드는 그다지 나쁘지 않았지만 스스로 패배를 자초하는 멍청한 실수만 반복했다.

자기 삶에 아무 생각이나 계획이 없었던 그녀는 결국 폭풍우 앞의 조각배 신세가 되어 이리저리 흔들리다 삶을 마감하고 말았다. 나는 그녀의 삶을 생각할 때마다 그녀처럼 생각도 계획도 없이 살아가는 사람이 얼마나 많은지를 떠올린다.

어제와 똑같은 하루를 똑같은 발걸음으로 살아가면서 황금덩어리가 하늘에서 떨어지기를 바라는 사람이 얼마나 많은가. 황금덩어리를 이미 손에 쥐고 있으면서도, 그것이 황금인 줄도 모르고 돌무덤에 던져버리지는 않는가? 지금 바로 당신이 서 있는 그곳에서 심각하게 자신을 돌아볼 일이다.

## 왜 똑똑한 사람들이 말도 안 되는 일을 할까?

우연히 마케팅업계에서 일하는 여성을 만난 적이 있다. 40대 중반으로, 오랫동안 온·오프라인 시장을 넘나들며 마케팅을 해왔다고 했다. 명석하게 생긴 외모에 깔끔한 옷차림이 마음에 들었다.

그녀는 나와 인사를 나누자마자 속사포처럼 빠르게 말을 쏟아냈다. 그녀는 전자상거래의 미래에 대해, 그리고 소비자를 이끌어내는 트렌드의 변화에 대해 오랜 경험과 지식을 바탕으로 능란하게 설명해주었다.

그런데 30분쯤 지나자 슬슬 본색이 드러나기 시작했다. 그녀가 수익률이 엄청난 상품을 소개하면서 큰 이익이 나는 건 땅 짚고 헤엄치기라며 빨리 투자하라고 재촉하는 것이었다.

나는 작가다. 그래서 내게는 상대가 말할 때 행간 속에 들어 있는 모순이나 오류를 찾아내는 습관이 있다. 나는 그녀의 말이 계속될수록 그 투자 모델이라는 것이 사기극이란 걸 간파할 수 있었다.

더구나 그녀는 내 반응을 알아보려는 듯 계속 눈동자를 굴리는 모습을 보였다. 나를 등쳐먹겠다는 속셈을 간파한 이상 그냥 입을 다무는 게 상책이라고 생각하고 침묵만 지켰더니, 그녀가 한참을 더 말도 안 되는 이야기를 늘어놓다가 슬그머니 물러났다. 나중에 그 여자에 대해 알아보니 대체로 이런 사람이라는 게 밝혀졌다.

"이혼한 싱글맘. 대학 졸업 후 마케팅 분야에서 성실하게 일했고 돈도 나름 많이 벌었음. 그러다 주식투자로 재산을 탕진하고, 지금은 한탕을 노리며 인생역전을 꿈꾸는 지경에 이르렀음."

왜 똑똑한 사람들이 이렇게 말도 안 되는 일에 불나방처럼 뛰어들까? 사실 이런 사람들에게는 한 가지 공통점이 있다. 젊었을 때는 열심히 노력도 했지만, 자기만의 확실한 인생 계획이 없었고 허황된 생각에 휘둘려 지냈기에 늘 돈에 쪼들렸다.

점점 나이를 먹고 일도 별 진척이 없자 하루라도 빨리 쪼들리는 삶에서 벗어나고 싶어 가치관이 흔들리기 시작했고, 급기야 형편없이 왜곡되기에 이른 것이다.

인생의 나비효과는 단순히 생각 하나의 잘못에서 그치지 않는다. 그것이 쌓이면 큰 폭풍우가 되어 인생 자체를 여지없이 덮치고 만다. 그녀가 바로 그런 사람이었다.


## 만약 10년 전 제대로 된 인생 계획을 세웠더라면

고소득 직종에서 일하던 친구가 있다. 지금은 직장을 그만두고 사업을 시작했는데 자본금이 넉넉하지 않은 상황이다. 더구나 사업 목표도 그다지 분명하지 않아 일과 삶에서 모두 쪼들리고 있다. 그에게 장기 계획을 잘못 세운 것 아니냐고 말하자, 내 이야기가 끝나기도 전에 불같이 화를 내며 반박했다.

"나에게 설교 따위는 필요 없어. 내 가치관을 바꿀 생각은 하지 마! 나는 돈이 아니라 자유를 좇을 뿐이고, 아직 솔로이기 때문에 삶에서 다양한 방식을 시도해볼 자격이 있다고 생각해!"

나는 입을 다물고 말았다. 자기 자신을 위해 제대로 된 인생 계획을 세우라는 충고가 왜 그의 귀에는 꿈이나 감정, 자유를 포기하라는 말로 들리는지 이해할 수 없었다.

당나라 시인 이백(李白)은 이렇게 노래했다.

"인생이란 때를 만났을 때 원 없이 즐겨야 하네."

하지만 이 문장대로 천금을 다 쓰고 나면 다시 돌아와 재능을 펼칠 날이 있을까? 안타깝지만 그건 천 년에 한 번 나올까 말까 한 천재시인 이백의 시에 불과할 뿐이다.

지나치게 현실에서 벗어난 자유는 사막의 신기루에 불과하다. 언제나 자유를 들먹이며 떠들어대는 사람들은 가슴에 손을 얹고 좀더 솔직해질 필요가 있다. 나는 그들에게 이렇게 묻고 싶다.

"솔직히 게으르지 않은가? 현실에서 도피하지는 않는가?"

나는 만약 10년 전 제대로 된 인생 계획을 세웠더라면 지금의 내 삶이 어땠을까 상상하곤 한다. 그러면 직업 계획과 재테크 계획을 좀더 구체적으로 구상했을 테니 삶의 질도 지금보다 훨씬 더 나아졌을 것이다. 이처럼 인생 계획은 일찍 세울수록 좋다. 일찍 계획할수록 인생은 더 여유로워지고 훨씬 더 자유로워진다.

　당신은 지금 새로운 출발선상에 있는가? 당연한 말이지만 지금 시작한다 해도 결코 늦지 않다. 자신의 현재 상황에 근거하여 미래의 청사진을 그리면 된다. 그리고 그 목표를 향해 꾸준히 노력하면 된다. 그러면 언젠가 쨍하고 해 뜰 날이 찾아올 것이다.

# 07

# 생각이 삶의 태도를
# 결정한다

## 언젠가는 기회가 찾아온다

심리학자들의 연구에 따르면, 사람을 처음 만났을 때 첫인상
이 결정되는 데까지 걸리는 시간은 5초 미만으로 최초 0.25초
에서 4초 사이에 상대방에게 전달된 인상이 가장 강렬하다고
한다.

무슨 얘기냐 하면 4초 안에 상대방에 대한 판단과 평가의
75퍼센트가 끝난다는 뜻이다. 따라서 나에 대한 첫인상은 한
번 입력되면 상대 머릿속에서 거의 바뀌지 않는다는 뜻이기도
하다.

군이 심리학자들의 말이 아니라도 첫 만남에서 보이는 자

세, 액세서리, 표정, 눈동자, 언어습관 등의 인상은 비록 단편적이라 하더라도 인간관계에 매우 큰 영향을 미친다는 걸 우리는 경험으로 잘 안다.

이렇게 말할 수 있다. 첫인상은 나 자신을 사람들에게 표현하는 최초의 통로로 향후 인간관계와 교류 방향은 오로지 첫인상에 따라 결정된다고 해도 지나친 말이 아니라고 말이다.

외모가 어떠냐에 따라 그에 대한 인상뿐만 아니라 주어지는 기회도 달라진다. 내 이미지는 상대방이 내가 신뢰할 만한 사람인지를 결정하는 매우 중요한 요소다. 또한 상대방이 나를 어떻게 대우할지를 결정하는 가장 핵심 조건이기도 하다.

외모로 사람을 평가하는 것이 천박하고 어리석다고 말할지 모른다. 하지만 사람들은 언제나 옷차림, 헤어스타일, 제스처, 목소리, 말투 등으로 상대방을 판단한다. 내가 원하든 원하지 않든 관계없이 나는 타인에게 어떤 인상을 전달했고, 그 인상은 인정사정없이 내 삶에 영향을 미친다.

할리우드의 홍보전문가 하워드 브래그먼(Howard Bragman)은 이렇게 말했다.

"옷차림에 관해서는 할리우드에서 일하는 사람들을 배울 필요가 있다. 공적인 일을 하는 사람이라면 어느 곳에서든 그들처럼 단정한 외모와 절제된 행동이 매우 중요하다. 명심하라. 당신을 아는 사람이 나타날 수 있는 모든 곳이 전부 공공장소라는 사실을. 당신을 평가하는 기준은 말투나 태도만이 아니라 옷차림에도 있다. 이것이 바로 인생이다."

어차피 이것이 인생이라면, 삶의 규칙에 어긋나거나 규칙을 무시한 채 살아가서는 안 되지 않을까? 우리는 수없이 많은 머피의 법칙 안에서 살아간다. 욕실에서 씻고 있을 때 택배가 온다. 정류장에 도착하기 직전에 버스가 지나간다. 직장에서나 인생에서나 가장 소중한 사람은 내가 가장 맥이 빠져 있고 흐트러진 모습을 한 날 찾아온다. 기회는 언젠가 찾아온다. 그렇다면 항상 준비하고 있어야 한다. 어디서 누구를 만날지 모르니까.

## 주인공이 되고 싶은 심리

내가 일하는 회사에 샤오만(小曼)이라는 젊은 여직원이 새로 들어왔다. 업무 능력이 뛰어나고 성격도 시원시원한데다 동료들과도 잘 어울렸다. 요즘 같은 세상에 그 정도면 최고 아닌가 싶다.

딱히 결점을 꼽으라면 근무시간에 전화 통화를 너무 많이 한다는 것이었다. 그녀는 정말이지 전화를 너무 많이 했다. 전화를 끊는가 싶으면 조금 있다 또 누군가에게 전화를 했다. 그런데 통화를 할 때는 항상 눈썹을 찡그리고 목소리에는 짜증이 가득했으며 말은 점점 빨라지기 일쑤였다.

그러다가 마지막에는 늘 싸우는 것 같았다. 그러다보니 주위 사람 모두가 상황을 대충 파악하게 되었다. 전화를 걸어오는 사람은 어떤 남자로, 아마 그녀를 짝사랑해서 막무가내로 쫓아다니는 듯했다. 그런데 샤오만은 그 사람에게 아무 관심이 없는 듯했다.

나중에 알고 보니 그 남자는 그녀가 예전에 다니던 회사의 상사였다. 그가 하도 지독하게 대시해서 회사까지 그만두었는데도 여전히 치근덕대는 중이라고 했다. 눈물이 그렁그렁한 샤오만을 보자 사람들은 측은한 마음이 들어 그 찌질한 인간을 퇴치할 아이디어들을 쏟아냈다.

어느 날 샤오만의 핸드폰이 또 울렸다. 늘 그랬듯이 전화를 받고 한참이나 떠들더니 앙칼진 목소리로 전화를 뚝 끊었다. 그런데 이게 끝이 아니었다. 점심식사 시간에 샤오만 옆에 앉은 여직원이 미간을 잔뜩 찌푸린 채 동료들에게 말했다.

"오늘 샤오만의 핸드폰 벨소리가 울렸을 때, 마침 팩스를 보내려고 그녀 옆을 지나고 있었거든요. 무심결에 그녀의 핸드폰 화면을 봤는데……. 그냥 아무것도 없는 평상시 초기 화면이었어요!"

직원들은 처음에 그게 무슨 말인지 알아듣지 못했다.

"샤오만이 그냥 통화하는 척하는 거였어요. 그렇게 혼자서 한참 떠들어대던데요."

모두 넋이 나간 표정이 되었다. 우리가 분명히 전화벨 소리를 들었으니 누군가에게서 전화가 걸려온 것은 의심할 바 없는 일이다. 그건 그렇다 치고, 그렇다면 예전에 다니던 회사의 상사라는 사람은 허구의 인물이란 말인가? 그동안 샤오만이 자작극을 벌였다는 것인가? 모두 도무지 믿을 수 없다는 표정이었다.

하지만 조금만 관심을 기울여보면 우리 주변에 이런 자작극을 벌이는 사람이 의외로 많다. 왜 그럴까? 그들은 다양한 방식으로 다른 사람들의 이목을 끌고 관심을 받아 동료들 속에서 주인공이 되고 싶어 한다.


## 내 삶을 엉망으로 만든 생각 습관

고수와 하수의 차이는 무엇일까? 한마디로 말해서, 고수는 보통 사람보다 더 빨리 깨닫고 더 빨리 행동으로 옮긴다. 단순한 삶을 목표로 했다면 그것을 이루기 위해 다른 일들에 눈길을 주지 않고 힘껏 발걸음을 옮기는 것, 그것이 고수의 남다른 점이다.

베이징에 처음 왔을 때, 나만의 서재를 갖는 게 제일 큰 꿈이었다. 바닥까지 내려오는 커다란 통유리 창문, 한쪽 벽면을 꽉 채우는 책장, 그런 서재에서 글을 쓰며 소박한 삶을 이어갈 수 있다면 더 바랄 게 없다고 생각했다.

하루 종일 좋아하는 책을 읽고 원하는 글을 쓰는 일은 죽는 날까지 내가 고집하고 싶은 일상이었다. 돌이켜보면 이 꿈은 이미 오래전에 실현되었다. 이것은 베이징에 처음 왔을 때 내가 가졌던 꿈과 생각이 너무 소박했기에 이룰 수 있는 일이었다.

그렇다면 응당 평온하고 안락한 일상이 내 삶을 꽉 채워야 할 텐데, 요즘 들어 새로운 욕망이 꿈틀대면서 그만큼 할 일도 많아졌다. 매일같이 분주하고 번잡한 일상에 휘둘려 지내면서도 결핍감에 따른 고통으로 시달리는 삶을 산다.

어느 날, 나는 이렇게 뒤죽박죽인 삶에 정면으로 'No'라고 외쳐야만 살 수 있겠다는 생각을 했다. 더 이상은 아니라고, 더는 안 된다고 말해야 한다고 생각했다. 그리고 그렇게 하는 일은 생각보다 훨씬 쉬웠다.

내 삶을 엉망으로 만든 생각 습관을 바꾸지 않았다면, 나는 지금도 뒤죽박죽인 삶에 치여 살아갈지 모른다. 그때 나는 이렇게 다짐했다. 이제 더는 자질구레한 일 때문에 감정을 낭비하지 말자. 내 삶에 덜 중요한 일은 과감히 외면하자. 그리고 남는 시간에는 더 중요한 일에 집중하자.

더는 사람들의 인정을 받으려고 애쓰지 말자. 어차피 나는 여전히 내 삶을 살아가니 불필요한 마음고생은 하지 말자. 이루어질 가능성이 없는 기대감은 아예 품지 말자. 더는 남의 부탁을 거절하는 일에 죄책감을 갖지 말자.

이제는 눈앞의 이익이나 유혹에 흔들리지 않겠다고 다짐했다. 장기적인 목표를 달성하는 데 도움이 안 되거나 심지어 방해가 되는 일은 과감하게 없애버리자고 외쳤다. 이렇게 일 년 넘게 단샤리에 충실한 삶을 실천한 결과, 지난 몇 년 동안 이룬 성과보다 훨씬 더 많은 일을 해냈다.

그것으로 끝이 아니었다. 의미 없는 인간관계를 정리하고 정말로 마음이 맞는 사람들만 남겼다. 그 결과, 그들과 더 가치 있는 일을 할 수 있었고, 쓸데없는 구설에 휘말릴 일이 없으니 사람들 사이에 나에 대한 평가가 전보다 훨씬 좋아졌다.

결국 단순한 삶이란 인간관계와 사고방식 그리고 정신세계의 단순화와 연결된다. 심플하고 스마트한 생활을 실천하면 삶 자체가 평온하고 여유로워진다. 이것이야말로 진짜 고수의 모습이고, 내가 이 책에서 추구하려는 단순한 삶의 진정한 의미다.

# 08

# 생명은 내가
# 나 자신에게 준 것이다

### 인생에서 실패라는 것은

오프라 윈프리는 2013년 하버드대학교 졸업식 연설에서 이렇게 말했다.

나는 열아홉 살 때부터 방송계에서 일했어요. 1986년 '오프라 윈프리 쇼'를 시작했고, 그 뒤 21년 동안 시청률 최고 기록을 계속 유지하며 성공에 도취되어 살았어요. 그러다 나 자신을 돌아보고 새로운 길을 시도해보자고 다짐했죠. 그래서 토크쇼를 그만두고 '윈프리 방송 네트워크'를 만들었어요.

하지만 일 년이 지났을 때, 거의 모든 매체는 내가 새로운 사업에서 쫄딱 망했다고 떠들어댔지요. 어느 날 〈US투데이〉를 펼쳤더니 '오프라 윈프리, 파산 직전'이라는 제목이 눈에 들어왔어요. 그때가 내 인생에서 가장 비참한 순간이었어요. 심장이 벌렁벌렁하고 완전히 기가 죽어서 견딜 수 없었죠. 왜냐하면 그 모든 게 사실이었기 때문이었어요.

바로 그때, 역사학자이자 하버드대학교 최초의 여성 총장인 드루 길핀 파우스트님에게서 전화가 왔어요. 나에게 올해 졸업식 연설을 꼭 해줘야 한다는 요청이었어요.

저는 생각했죠. 이렇게 실의에 빠져 있는데, 어떻게 하버드 졸업생들에게 연설할 수 있을까? 내가 무슨 말을 할 수 있겠어? 전화를 끊고 나서 목욕을 해야겠다고 마음먹었어요. 그때 목욕을 하지 않았다면, 분명히 그 자리에서 과자 한 봉지를 다 먹어버리며 실의와 비탄을 씹었을 거예요.

욕실에서 찬송가 '아침이 오면(When the morning comes)'을 떠올렸어요. 그 노래는 사람들에게 용기를 주는데, 역경은 결코 영원하지 않으며, 언젠가는 지금의 어려움이 끝난다는 내용이죠. 그래서 목욕을 마치고 나와, 이 어려움을 극복하고 지금보다 더 나아지겠다고 스스로에게 말했어요. 올해는 아니지만, 일 년 후에는 반드시 하버드에 가서 지금의 어려움을 극복한 경험을 함께 나누겠다고 다짐했어요.

오늘, 제가 이 자리에 선 것은 여러분에게 오프라 윈프리 방송네트워크가 마침내 역경을 딛고 승리했다는 사실을 알리기 위해서입니다. 저는 이겨냈고, 일 년 전 다짐처럼 여러분 앞에 설 수 있게 되었어요. 여러분도 만약 저와 같다면, 자신을 더욱 채찍질해서 더 높은 목표를 추구하시기 바랍니다.

그 과정에서 분명히 넘어질 때가 있을 겁니다. 하지만 꼭 기억하세요. 인생에서 실패는 우리에게 방향을 바꾸고 새롭게 도전하라는 의미라는 것을. 인생의 고비에 빠지고 슬럼프에서 벗어나지 못할 때는 정말로 고통스럽지만, 괜찮아요. 그때는 자신에게 시간을 좀 주면 되죠. 한탄하고 실망해도 됩니다. 중요한 건 실패에서 교훈을 얻는 거예요. 인생의 모든 경험과 불행과 실수는 모두 우리를 인도하고 채찍질해서 더 나은 나로 만들기 위한 것이니까요.


내가 졸업식 축사를 이렇게 길게 인용한 이유는 강연의 주인공이 오프라 윈프리이기 때문이다. 누구보다 비극적인 청소년 시절을 보냈지만, 그 모든 삶의 질곡을 딛고 일어나 세계에서 가장 영향력 있는 여성이 된 그녀는 세계에서 제일 유명하고 돈이 가장 많은 프로그램 진행자로, 미국 전역에 3,300만 명의 시청자를 보유한 토크쇼의 대모였다.

하지만 그녀가 하버드대학교 졸업식에서 연설하기 일 년 전만 해도 미국 언론들은 오프라 윈프리가 파산 직전이라는 보도를 줄기차게 내보냈다. 토크쇼 진행을 그만두고 자기 사업을 펼치려던 오프라 윈프리는 그때 실제로 매우 절망적인 상태였지만, 툭툭 털고 일어나 재기했다. 그런 그녀가 들려주는 실패 이야기이니만큼 분명히 귀담아들어야 할 소중한 지혜라고 믿는다.

## 내 안에 있는 내재적 원동력

역경은 왜 고통스럽기만 할까? 작가 비수민(畢淑敏)은 이렇게 말했다.

"인생의 슬럼프를 벗어나려면 어떻게 해야 할까? 첫째, 조용히 기다린다. 둘째, 잠을 잘 잔다. 셋째, 열심히 운동한다. 언제 어디서든 몸이 튼튼하면 큰 도움이 되니까. 넷째, 마음이 맞는 친구와 얘기를 나눈다. 가급적 짜증은 내지 말고, 즐거웠던 옛날 얘기를 주로 한다. 다섯째, 책을 많이 읽는다. 특히 전기를 읽어 지식도 기르고 힘들었던 시기를 어떻게 이겨냈는지 참고한다. 여섯째, 집안일을 많이 한다. 평소에 바빠서 돌보지 못했던 집안일을 깔끔히 해낸다."

비수민이 슬럼프를 이기는 비법으로 제시한 내용을 가만히 들여다보면, 정서적 측면을 강조한다는 점에서 특별하다. 스티브 잡스는 가정과 일, 신용의 위기로 평생 굴곡진 삶을 살았다. 그가 아내에게 보낸 편지에는 이런 내용이 있었다고 한다.

"세월이 덧없이 흘렀네요. 아이들도 태어났고요. 좋은 날도, 힘든 날도 있었지만 돌이켜보면 아주 나빴던 적은 별로 없었던 것 같아요. 우리가 지금까지 서로 사랑하고 존경하고, 또 가족도 건강하니 더할 나위 없이 기뻐요."

무심한 듯한 말투지만 그 안에는 강인하면서도 평온한 마음이 밝게 빛나고 있다. 당신도 지난날 절망이라고 느꼈던 순간을 떠올려보라. 그때 그 어려움을 이겨내고 지금까지 올 수 있게 만든 원동력은 다름 아닌 자기 자신이었음을 깨닫게 될 것이다. 어려움에 처했을 때 당신도 그렇게 했듯이 위기에 대처하는 자세, 강인한 마음, 흔들림 없는 평온함이 위기를 극복하는 강력한 무기임을 잊지 말자.


중국에는 고양이에게 생명이 아홉 개 있다는 얘기가 전해 내려온다. 사실 이 이야기는 낙천적이고 생명력이 강한 고양이를 좋게 표현한 것이다. 이 이야기에는 고양이처럼 즐겁고 긍정적으로 살아간다면 우리도 평온해지고 오랫동안 행복해질 수 있다는 함의가 있다.

건강한 삶이란 인생이 순조로울 때 행복을 추구하고 완성하는 능력만 가리키는 게 아니다. 오히려 역경이 찾아왔을 때 흔들리는 자신을 꽉 잡아주고 힘차게 다시 일어설 수 있도록 밀어주는 내재적 원동력을 얼마나 갖추느냐가 더 중요하다.

우리에게도 고양이처럼 아홉 개 생명, 아니 그 이상의 생명이 있다고 생각하자. 한두 번 쓰러져서 절망적인 상황에 빠지게 되었다고 해도, 아직도 남아 있는 생명이 많으니 얼마든지 일어나 재기할 수 있다. 작가 비수민의 글에는 바로 그런 믿음이 중요하다는 의미가 담겨 있다.


## 오늘 나 자신에게 붙여주고 싶은 수식어

'중국의 카프카'라고 불리는 작가 왕샤오(王蕭)는 이렇게 말했다.

"모든 사람의 삶은 영화와 같다. 그러니 우리는 인생의 단계별로 자기만의 시나리오를 만들고, 이를 토대로 자기만의 인생 스토리를 풀어나가야 한다."

당신은 지금 단계에서 세상을 향해 어떤 이미지를 보여주고 싶은가? 당신에게 어떤 수식어가 붙기를 바라는가? 이런 질문의 의미를 정확히 인식하고, 그런 목표에 가까워지기 위해 끊임없이 노력한다면 사람들에게 부러움의 대상이 되는 인생으로 바뀔 것이다. 그러니 마음속에 불만이 가득하거나 성취감이 매우 낮다면, 자기 자신에게 이렇게 따져 물어봐야 한다.

"지금 이 순간 나 자신에게 붙여주고 싶은 수식어를 찾았는가?"

우리는 현재의 자신에게 적합한 수식어를 붙여줌으로써 스스로를 좀더 잘 이해할 수 있고 더 나은 삶으로 진화할 수 있다. 그러니 우리 한번 스스로에게 물어보자.

"나는 어떤 사람인가? 어떤 사람이 되고 싶은가? 무엇을 잘하는가? 잘하는 것을 넘어 성공한 사람이 되기 위해 어떤 길을 걷고 싶은가? 또 어떤 방식으로 가기를 원하는가?"

다음 단계의 인생 시나리오를 작성하기 위해, 나 자신에게 이런 질문을 던져보자.

"앞으로 2~3년 뒤 나는 어떤 사람이 되고 싶은가?"

20대의 끝자락을 살고 있던 어느 날, 나는 이런 질문 끝에 노트에 다음 세 가지 항목을 적어보았다.

1. 나는 좋은 작가가 되고 싶다.
2. 나는 좋은 기업의 창업자가 되고 싶다.
3. 나는 품위 있는 생활인이 되고 싶다.

세 가지 꿈 중 작가가 1순위였다. 대부분의 시간과 노력을 글쓰기에 쏟아 부어왔고, 앞으로도 그럴 계획이었다. 아직은 무엇 하나 뚜렷하게 이뤄낸 것이 없지만, 처음 계획한 길에서 크게 빗나가지 않고 살아왔으니 몇 년 후에는 지금보다 더 구체적으로 이상적인 내 모습을 그려낼 수 있을 것이다.

당신도 종이에 세세한 계획을 세워보라. 5년 뒤, 10년 뒤 모습과 목표를 재확인하라. 어떤 분야에서 어떤 사람들과 교류하며 살지를 생각하라.

이처럼 머릿속에 구체적인 로드맵을 그려놓으면 자신이 제일 원하는 게 무엇이고 어느 분야에서 얼마나 더 많은 노력을 기울여야 할지 분명히 파악할 수 있게 된다.

좋은 영화는 흠 잡을 것 없이 매우 깔끔한 작품이다. 시나리오의 구성과 전개가 매우 뚜렷해서 어색한 군더더기가 없다. 아카데미영화제에서 작품상을 타는 작품들은 대개 '흠잡을 데 없는 깔끔함'이라는 장점이 있다. 좋은 인생도 이와 마찬가지다. 다시 묻고 싶다.

"당신은 자신에게 붙여주고 싶은 수식어를 찾았는가?"

# 09

# 감정 낭비가 적은
# 삶을 위하여

## 어떤 여학생의 남다른 삶

대학에 다닐 때 무척 조용하고 얌전한 여학생이 있었다. 그 여학생은 사람들 앞에 나서는 법이 없었지만 친구들과 아주 친했고 심지어 성격이 괴팍한 아이들과도 잘 어울렸다.

　그 여학생의 또 다른 특징은 끈기였다. 대학교 4학년 때, 수업이 없는 날이면 항상 오전 9시에 도서관에 가서 공부하다가 오후 4시에 기숙사로 돌아왔다.

　그렇다고 엄청난 공부벌레는 아니었다. 다른 친구들과 마찬가지로 동아리 활동도 열심히 하고, 짬짬이 클럽에도 다녔다. 그런가 하면 이런저런 아르바이트를 해서 학비를 벌기도 했다. 어떤 친구의 전언에 따르면, 그 여학생이 클럽에서 춤을 출 때면 얼마나 우아하고 멋있는지 다른 사람들이 넋을 잃고 바라본다고 했다.

졸업 시즌이 다가오자 다들 졸업논문을 쓰느라 밤을 새우기 일쑤였지만, 그녀는 이미 자기가 원하는 직장에 취업한 상태였다. 당시 남녀 학생 모두가 선망하는 최고 대기업이었다.

허송세월하기 쉬운 대학 시절에 자기 삶을 적절히 조절하면서 자신이 원하는 방향으로 이끌어낸 그녀가 무척 부러웠다. 하지만 정말로 부러운 점은, 그녀가 다른 사람들보다 몇 발짝 앞서가더라도 시기하는 사람이 없었다는 것이다. 그 친구에 대해 말할 때, 우리가 으레 하는 말은 이것이었다.

"그 친구는 사소한 일은 머릿속에 담아두지 않는 성격이라서 웬만한 것은 구애받지 않는 것 같아."

세상에는 이런 유형의 사람들이 꼭 있다. 그들은 사소한 일에 힘을 낭비하지 않는다. 다른 사람들과 옳고 그름을 다투는 일이나 이성을 잃고 감정을 마구 쏟아내는 일, 너 죽고 나 죽자는 식으로 남을 미워하거나 질투하는 일 따위는 그녀 사전에 없다.

그녀와 같은 사람들은 시간과 노력 그리고 감정을 주로 자신을 극대화하는 일에 투자하고, 남는 시간은 삶을 즐기는 데 쓴다. 이런 특성 때문에 그런 사람들은 눈에 잘 띄지 않지만 항상 앞서나간다. 감정을 함부로 낭비하지 않는 삶, 그것이 그들의 제일 큰 특징이다.

## 감정 낭비가 적은 삶의 결과

우리 가슴속에는 거대한 심리적 에너지가 들어 있다. 이런 에너지를 올바로 사용한다면 엄청난 일을 해낼 수 있지만, 부적절하게 사용하면 감정 낭비를 초래하여 심리적으로 무너져서 무기력한 삶에 빠지게 된다.

누구나 단순하고 규칙적으로 살고 싶은 마음이 있다. 하지만 대부분 감정을 낭비하게 하는 방해꾼들 때문에 그렇게 살지 못한다. 감정 낭비가 심하게 되면 마치 북적이는 시장 바닥처럼 한순간도 조용하지 않은 나날을 살게 된다. 이 일 때문에 고민하고, 저 일 때문에 노심초사하는 일상이 계속되는 복잡한 인생처럼 불행한 삶도 없을 것이다.

감정 낭비가 오랫동안 계속되면 몸과 마음이 피폐해져서 정상적인 생활을 하기 어렵다. 특히 고난이 찾아왔을 때, 이성은 일에 집중하라고 명령하지만 잠재의식은 계속 자기 자신을 갉아먹는 길로 치닫게 된다.

감정 낭비가 적은 삶은 무슨 일을 하든 자연스럽고, 삶에 안정감이 뒷받침된다. 당연히 어려움을 겪을 때도 있지만 대뇌는 목전의 장애물을 노려보며 분노하고 실망하라고 명령하지 않는다. 그 대신 그것을 뛰어넘을 지혜를 찾는 여유를 가진다.

감정 낭비가 적은 삶은 선순환을 일으키기 때문에 생활이 점점 더 수월해진다. 반대로 감정 낭비가 많은 삶은 끊임없는 악순환을 일으킨다. 그래서 감정 낭비가 많을수록 기분은 가라앉고 힘껏 노력해서 얻은 결과물에 실망하고 만다.

## 왜 사는지 아는 사람에게 뒤따르는 일들

우리는 감정 낭비의 악순환에서 얼마든지 벗어날 수 있다. 감정 낭비가 적은 사람의 여유로운 삶은 단지 운이 좋아서 그렇게 된 게 아니다. 날씨가 춥든 덥든, 생활비가 넉넉하든 쪼들리든, 그들은 일상의 자질구레한 고생을 묵묵히 견뎌낸다.

그들을 이렇게 평온하고 여유롭게 지탱해주는 힘의 원천은 무엇일까? 답은 그들의 강력한 잠재력이다. 목표가 분명하고 상황 변화에 일희일비하지 않는 게 다른 사람 눈에 비친 그들

모습이다.

그들은 내면의 힘이 매우 강력하기 때문에 남 탓, 환경 탓을 하지 않는 전형적인 외유내강 타입이다. 그들은 한눈팔지 않고 오직 자기만의 길을 간다. 번잡하고 자질구레한 일에 시간을 낭비하지 않고 자기 삶에 집중한다.

니체는 이렇게 말했다.

"'왜' 사는지 아는 사람은 거의 모든 '어떻게'의 문제를 극복할 수 있다."

'왜'라는 물음은 필연적으로 '어떻게'라는 답을 구하게 한다는 뜻이다. 우리 주변을 보면 자기 인생에서 '왜'라는 질문은 커녕 '무엇' 때문에 태어났는지 의문스러울 정도로 혼란스러워하며 살아가는 사람들이 많다.

당신이 어떤 유형의 삶을 원하는지 분명히 알게 되었다면 앞으로 삶은 자발적이고 자기주도적으로 될 것이다. 그리고 삶의 발자국 하나하나가 나에게 꼭 맞는다는 느낌을 받을 것이다. 그러면 당연히 삶이 주는 감정적 갈등은 거의 제로로 줄어든다.

단순한 삶은 내면의 불필요한 것을 줄이는 일로 시작된다. 그러기 위해 나 자신을 깊이 있게 파악하고 나를 재구성해보는 시도가 필요하다. 내 '삶'이라는 건축물을 재설계하는 과정에서 나한테 불필요한 일들이나 진로를 가로막는 장애물이 무엇인지 이해하게 될 것이다.

감정 낭비가 많은 삶을 사는 까닭은 생각은 많지만 실천이 따르지 않기 때문이다. 따라서 쓸모없는 생각의 짐들을 내려놓고 인생이라는 보따리를 가볍게 만들어야 한다.

무망한 기대감으로 꽉 채운 보따리에서 고통이 시작된다는 점을 잊지 말자. 나에게 풍요로운 미래를 가져다주는 것은 어마어마한 꿈이나 불같은 감정이 아니라는 사실도 잊지 말자.

# 10

# 거절하지 못하는 병

## 개미지옥에 빠진 개미 신세가 되지 말자

어느 지방의 방송국에서 기자로 일하는 동창이 있는데, 그가 유명인사들과 인터뷰한 내용을 원고로 작성하는 일을 몇 번인가 대신한 적이 있다. 그 친구가 녹음 파일을 보내주면, 나는 기한 내에 기사 형식의 원고를 만들어 보내주었다.

오랜 시간 알고 지낸 사이라 딱 잘라 거절하기 어려워 대신해준 일로, 두어 번 점심식사 대접을 받은 것 말고는 원고료도 전혀 없었다. 나로서는 애써 시간을 내야 하는 일이고, 인터뷰 내용을 속기사처럼 단순히 그대로 옮기는 것이 아니라 재창작 수준으로 문장을 만들다보니 여간 신경 쓰이는 일이 아니었다.

산업디자이너로 일하는 친구도 나와 비슷한 일을 겪었다고 한다. 동료들과 몇 번인가 술자리에서 함께한 거래처 사장이 어느 날 갑자기 찾아와 미안하지만 회사 로고를 만들어달라고 부탁하더란다.

사람들은 로고나 포장지를 디자인하는 작업을 자동판매기에서 커피를 뽑아내듯이 간단하고 쉬운 일이라고 여긴다. 그것 역시 아이디어를 짜내는 크리에이티브의 하나로, 정신적으로 무척 힘든 과정을 거쳐야 하는데 말이다.

누군가 부탁을 해올 경우 우리 앞에 놓인 선택지는 승낙 아니면 거절 두 가지뿐이다. 인정을 중시하는 우리 사회에서 거절하기란 결코 쉽지 않다. 상대방이 어렵게 부탁했는데 어찌 되었든 힘닿는 데까지 도와줘야 한다고 생각한다.

하지만 너무 쉽게 승낙하면 때때로 난처한 상황에 빠질 수도 있다. 제일 큰 문제는 결과물이 마음에 들지 않는다며 두세 번 고쳐달라고 요구하는 경우다. 이렇게 되면 갑과 을의 처지가 완전히 바뀌어 대책 없는 상황에 빠진다.

더구나 디자인은 하나하나가 창의적인 생산물로, 디자이너에게는 전부 돈과 연결되는 일이다. 그것을 공짜로 해달라고 부탁하는 것도 문제지만 마음에 드네, 안 드네 투덜댄다면 정말이지 인간관계를 끝내고 싶을 것이다.

부탁을 받았을 때 서로 체면이 있으니 웬만하면 승낙하는 편이 거절하는 것보다는 보기에 좋다. 하지만 중요한 문제가 있다. 사람은 누구나 욕심이 점점 커지는 경향이 있다. 이번에 부탁을 들어주었다면 다음이 문제다. 그때 거절하면 욕을 먹을 가능성이 더 크다.

만약 다음에 또 승낙한다면 이제부터는 끊임없는 부탁으로 몸이 녹초가 될 각오를 해야 한다. 만약 거절한다면? 지난번 부탁을 들어준 것까지 무시당한 채 두 배로 싫은 소리를 들을 가능성이 높다.

이것이 바로 처음부터 거절하지 못한 사람이 점점 더 무리한 요구를 거절하기 힘들어지는 원인이다. 그러면 이제는 마치 개미지옥에 빠진 개미처럼 부탁의 홍수에서 빠져나오지 못하게 된다.


## 맛있는 쿠키를 만드는 친구 이야기

인간관계의 어려움은 거절하지 못하는 사람에게 흔히 일어난다. 부탁을 거절하지 못했다는 이유로 시간과 노력을 끊임없이 투자해야 하기에 온몸이 녹초가 된다.

그렇게 되면 여유로운 마음으로 삶을 즐기거나 자신을 챙기기는 불가능하다. 더구나 이로써 자신의 특기와 능력을 정상적으로 발휘할 수 없고, 본업에도 악영향을 미친다.

똑똑하고 손재주도 뛰어난 후배가 있다. 취미로 배운 제빵 기술이 뛰어나서 그가 구워낸 쿠키는 입에 넣기가 아깝다고 칭찬 일색이었다. 크리스마스 때 그에게서 쿠키 한 박스를 선물받았는데 박스에 내 모습을 그린 캐리커처가 있었다. 한 입 한 입 먹을 때마다 그 친구에게 감사하는 마음이 새록새록 쌓였다.

그는 주위 사람들의 칭찬에 신이 나서 새로운 스타일의 쿠키를 만들 때마다 SNS에 올리기도 하고 지인들에게 선물도 했다. 그러면 사람들의 칭찬과 맛 평가가 뒤따랐다.

하지만 이게 탈이었다. 언젠가부터 그의 SNS에 일상의 소식들이 올라오지 않았다. 나중에 물어보았더니 빵이나 쿠키를 달라는 사람이 너무 많은데, 다들 친한 이들이다보니 거절하기 힘들어 아예 SNS 활동을 끊고 당분간은 제빵도 중단한다고 했다.

처음엔 그냥 기분 좋게 사람들의 요청에 응했고 그것이 행복으로 여겨졌지만, 하루 종일 오븐 옆을 떠나지 못하면서 정작 자기 본업에는 소홀할 수밖에 없었다. 게다가 설탕, 버터, 베이킹파우더 등 재료 가격도 만만치 않았다. 배송비도 문제였다. 이런 식으로 살다가는 파산하기 딱 좋겠다는 생각이 들어 차라리 그만두자고 마음먹었다는 것이다.

그의 마음이 충분히 이해되었지만, 문제는 그를 원망하거나 비난하는 사람들까지 생겼다는 것이다. 다른 사람들에게는 빵이나 쿠키를 선물하고 왜 나만 주지 않느냐며 공개적으로 투정 섞인 불만을 터뜨리는 사람도 있었다. 심지어 어떤 사람은 그가 자기과시가 심하다는 등 비판도 쏟아냈다.

이럴 줄 알았다면 처음부터 쿠키를 선물하지 않거나, 아니면 가격을 정해서 지불 의사가 있는 사람은 사고, 그렇지 않은 사람은 아예 신경 끄라고 했으면 더 좋았을지도 모른다. 그는 자신이 원해서 시작한 일이지만 문제가 이렇게 커질 줄 몰랐다며 머리를 흔들었다. 이래저래 인간관계는 어렵기만 하다.

## 부탁을 거절하는 걸 두려워하지 마라

우리는 누군가의 부탁을 받으면 왜 당당하게 거절하지 못할까? 상대방 감정을 상하게 할까 두렵고, 상대방이 나를 매정하고 예의를 모르는 사람이라고 비난할까 두렵기 때문이다.

이런 두려움은 인간관계에 대한 불안심리 때문에 생긴다.

함부로 거절하면 인간관계가 훼손되고 친구 사이가 멀어진다고 생각한다. 따라서 내가 조금 더 힘들어도 위험을 감수하고 싶지 않다는 심리가 작동한다.

부탁을 거절하지 않음으로써 타인의 인정을 받고, 인간관계에서 긍정적 상호작용을 계속하겠다는 생각은 말하자면 일종의 '약자 심리'다. 이들은 끊임없이 자기 자신에게 '너는 좋은 사람이야'라고 위로하는 메시지를 보냄으로써 '나에게는 친구가 있고 버림받지 않았다'는 사실을 스스로에게 증명하려고 애쓴다.

작가 산마오(三毛)는 이렇게 말했다.

"부탁을 거절하는 걸 두려워하지 마라. 만약 거절하는 이유가 정당하다면 말이다. 어떤 사람이 상대방에게 뭔가를 부탁했을 때는 이미 마음속에 두 가지 답안을 준비해두고 있다. 따라서 그 둘 중 어떤 대답을 하든, 그의 마음속에 준비된 예상 답안 중 하나일 뿐이다."

어떤 친구가 당신이 부탁을 거절했다고 절교를 선언한다면, 그는 당신의 진정한 친구가 아닐 수 있다. 절교하고 싶다면 그렇게 하게 내버려두어라. 그런 인간과 계속 친구로 지내봤자 무슨 소용인가? 진정한 친구라면 당신이 거절한 데는 그만한 이유가 있을 거라고 이해해줄 것이다.

서점을 경영하는 친구에게 밤 10시에 전화를 건 적이 있다. 당장 오래된 책 한 권이 필요한데 찾아달라고 부탁하기 위해서였다. 하지만 그는 단호하게 거절했다. 그러면서 요즘 잠을 통 못 잔다며 제발 밤 9시 이후에는 전화하지 말아달라고 당부했다.

그때부터 나는 그 말을 꼭 지켰다. 9시 이후에는 절대로 전화하지 않았고, 심지어 그의 SNS에도 글을 올리지 않았다. 그러자 그는 시간이 날 때마다 내가 읽으면 좋을 듯싶은 책을 선정해서 SNS로 알려주었다.

나는 그에게서 한 수 배웠다. 거절할 줄 아는 사람만이 타인에게 자기만의 원칙과 마지노선을 알려줄 수 있고, 인간관계에서 타인과 상생할 수 있다는 사실을 말이다.


타인에게 미움받을까 두려워 마음에도 없는데 억지로 도움을 주거나 심지어 본인이 설정한 마지노선을 넘어서 부탁을 들어주는 일은 영원히 그만두어야 한다.

거절해야 할 때는 단호하게 거절하는 법을 배워라. 그렇지 않을 경우 남을 이용하려고 하거나 다른 저의가 있는 사람에게 이용당하기 십상이다. 작가 비수민은 이렇게 말했다.

"거절은 일종의 권리다. 당신은 이렇게 얘기가 잘 통하는 사람인데, 그 사람은 왜 당신을 이해해주지 않는가?"

거절하는 것도 능력이다. 이 능력의 크기와 내면의 강인함은 밀접한 관련이 있다. 다시 말해서 항상 거절하지 못하거나 거절하고 싶지만 그렇게 하지 못하는 사람은 내면이 몹시 약한 것이다. 반대로 과감히 거절할 줄 아는 사람은 내면이 강인하고 튼튼한 사람이다.

거절하지 못하는 사람은 상대방을 실망시켰을 때의 난처한 상황을 감당하기 어려워한다. 반면에 내면이 강인한 사람은 자신을 있는 그대로 받아들일 줄 알기 때문에 타인을 만족시키는 방식으로 외부의 인정을 받아야 할 필요성을 느끼지 않는다.

내면이 강한 사람은 침착하고 여유가 있다. 자기가 무엇을 원하는지 알고, 일의 우선순위도 분명히 파악하고 있다. 따라서 적당한 거절로 여유시간을 확보하고, 이 시간을 자신의 가치 실현에 투자할 수 있다는 사실도 잘 알고 있다. 그들에게는 타인의 요구를 만족시키기 위해 자기 시간과 노력을 낭비하는 일은 결코 없다.

나는 당신이 내면이 강인한 사람이 되면 좋겠다. 그래서 자기 능력 범위 안에서 남을 돕고, 일부러 남에게 잘 보이려고 하거나 일방적으로 끌려다니지 않기를 바란다.

# PART 3

# 선택적 포기를 하기 위한
# 결심이 필요하다

# 11

## 진정한 자유는
## 어디서 오는가

### 자유를 꿈꾸었던 두 여인의 행로

영화 〈델마와 루이스(Thelma & Louise)〉를 처음 봤을 때 느낌은 열광과 황홀함 그 자체였다. 삶과 죽음 그리고 여성의 우정을 다룬 이 영화는 여성에 대한 고정관념을 없애고 그 대신 의리와 자유를 집어넣어 보는 내내 가슴이 벅차게 했다.

이 영화는 두 여성이 하이웨이에서 벌인 일을 다룬다. 주인공 루이스는 카페의 웨이트리스로 하루 종일 바쁘게 일하면서 짧은 여행을 꿈꾼다. 그래서 델마에게 함께 여행을 가자고 제안한다.

두 사람은 아칸소주에서 자동차를 세우고 한 바에 잠시 들른다. 그때 술에 취한 남자가 델마에게 다가와 춤을 추자고 제안한다. 평소에 외롭고 사는 게 재미가 없었던 델마는 이번 기회에 일탈을 꿈꾼다. 그래서 루이스의 만류를 뿌리치고 이 남자와 춤을 추며 급격히 가까워진다.

델마는 남자에게 이끌려 주차장으로 나간다. 주차장으로 따라온 루이스는 남자가 델마를 강간하려는 장면을 목격하고 총을 꺼내 제지하려고 한다. 몇 마디 고성이 오가고, 루이스는 끝내 방아쇠를 당겨 그 남자를 죽인다.

현장에는 목격자가 없었다. 그래서 더욱 정당방위라는 증거가 없자 중형에 처해질까 두려워진 두 사람은 서둘러 현장을 떠난다. 그때부터 유쾌한 주말여행이 돌연 돌이킬 수 없는 탈주극으로 바뀐다.

두 사람은 그동안 쌓인 억압과 분노, 억울함을 원 없이 표출한다. 편의점을 털고 대형 트럭에 불을 지른다. 추격하는 경찰을 트렁크에 가두고 낯선 사람들과 온갖 희한한 일을 벌인다. 마지막 순간에 끝까지 가보기로 결심한 두 사람은 두 손을 꼭 잡고, 웃으면서 자동차의 액셀을 밟아 콜로라도 협곡으로 뛰어든다. 허공을 질주하며 달리는 자동차를 찍은 마지막 광경은 영화사에 길이 남는 명장면의 하나로 꼽힌다.

## 나는 평생 이렇게 사는 게 소원이다

이 영화를 보고 나서 나는 완전히 반해버렸다. 루이스와 델마의 스카프, 선글라스, 립스틱, 녹색 선더버드 자동차, 바람에 흩날리는 머리카락 등 모든 것이 매혹적이었다.

나 역시 그런 인생을 꿈꾼다. 떠나고 싶으면 그냥 떠날 수 있는 용기, 구속받지 않고 자유로울 수 있는 씩씩함, 한 번 사는 인생인데 뒤돌아보지 않고 즐기겠다는 배짱. 심지어 '머리가 떨어져나가면 목으로 싸우면 된다'는 박력까지!

하지만 나처럼 매일 타임카드를 찍고, 야근하고, 교육받고, 자질구레한 집안일과 각종 잡무에 시달리는 도시 직장 여성의 삶은 무미건조함의 극치다. 그게 문제다.


프리랜서로 일하던 시절에 특이한 장신구와 옷차림을 하고 다니는 전형적인 펑크족 여성을 만난 적이 있다. 외모든 생각이든 나하고는 완전히 다른 별종이었는데, 얘기를 나누다보니 안정적인 삶과는 거리가 먼 20대 중반 여성으로 생활은 아무 규칙이 없어 보였다.

그녀의 생활을 보면 매일 눈이 저절로 떠질 때까지 자고 낮에는 같은 부류의 친구들을 호출해서 클럽에서 새벽까지 논다고 했다. 또 특별한 돈벌이가 없기 때문에 부모님에게 용돈을 받으며 친구에게 얹혀산다고 했다. 그녀는 이렇게 말했다.

"나는 자유로운 영혼이야. 평생 이렇게 사는 게 소원이야."

그녀가 어느 주말에 갑자기 차를 몰고 나타나서 나에게 톈진 (天津)에 가자고 했다. 베이징에서 톈진까지는 차로 두어 시간 이면 간다. 무엇에 홀리듯이 그녀를 따라 톈진에 가서 맛난 요리를 먹으며 신나게 놀았다. 그러더니 그녀가 좀더 멀리 가보지 않겠냐고 제안했다. 내가 망설이자 그녀가 이렇게 말했다.

"너는 살아오면서 한 번도 네 마음대로 해본 적이 없지? 무덤에 들어가는 순간까지 그저 정해진 틀 속에서 살아갈 생각이야? 한 번만이라도 마음의 소리에 귀를 기울여봐. 마음껏 살아보라고! 그런다고 하늘이 무너지지는 않아."

다시 뭔가에 떠밀려 남쪽으로 달렸다. 무려 일주일을 그렇게 정해진 것 없이 무작정 돌아다녔다. 밤에는 클럽에 가서 마시고 춤추고, 새벽녘에 숙소로 돌아와 하루 종일 뒹굴다가 마음이 내키면 또 자동차를 몰고 달렸다. 이렇게 계속 가면 지구 끝까지 갈 수 있겠다는 생각이 들었다.

## 진짜 자유는 하기 싫은 일을 하지 않는 것

그 뒤에 벌어진 일은 굳이 말할 필요가 없을 듯하다. 정신이든 돈이든 원상복구를 하기 위해 오랫동안 고생해야 했으니 말이다. 지금 돌이켜 생각해도 부끄러워 얼굴이 빨개질 정도다. 일탈의 대가가 너무 컸기 때문에 도대체 진짜 자유란 무엇인가 진지하게 고민하게 되었다.

하지만 원칙은 아주 간단하다. 자유는 바로 자율에서 나온다. 독일의 철학자 칸트는 이렇게 말했다.

"자유란 하고 싶은 일을 마음껏 하는 것이 아니라 하기 싫은 일을 하지 않는 것이다."

자율의 사전적 정의는 '남의 지배나 구속을 받지 않고 자기가 세운 원칙에 따라 스스로 규제하는 일'이다. 자율이 부족한 사람은 언제나 나쁜 습관이나 순간적인 유혹의 영향을 받는다. 그러면 자신의 내면 깊은 곳의 진정한 욕구를 충족할 능력을 영원히 갖추지 못한다.

우리 삶은 '델마와 루이스'가 아니다. 영화는 길어봤자 두 시간 안에 끝난다. 두 시간의 환상여행이 끝난 뒤에도 우리는 길고 긴 인생을 계속 살아가야 한다.

우리는 누구든 자신이 원하는 방식으로 살아갈 권리가 있다. 다른 사람의 인생관, 가치관, 세계관을 바꿀 권리는 아무에게도 없다. 하지만 신뢰하기 어려운 다른 누군가가 나를 꼬드겨 내 삶에 악영향을 준다면 그때는 그 사람과 관계를 조정하거나 거리를 두어야 한다.

상대방이 미쳤다고 나까지 미칠 수는 없다. 차가운 이성과 뜨거운 열정으로, 스스로 통제할 수 있는 자율적인 사람이 되어야 한다. 그래야만 인간의 존엄을 지키고 여유롭게 살 수 있다. 또 진정한 자유를 오래도록 누릴 수 있다.

# 12

# 욕망을 참으면 원하는
# 삶을 얻는다

## 마시멜로를 탐내지 않은 아이들

어렸을 때 엄마는 '찐만두는 아침까지 기다릴 수 없다'고 자주 말씀하셨다. 찐만두가 눈앞에 있으면 먹고 싶어서 조바심을 하고, 자리에 누워도 잠이 안 오고 어떻게든 빨리 먹고 싶어 안달한다는 뜻일 것이다.

목표를 이루기 위해 조용히 아주 끈기 있게 노력하는 사람들이 있다. 그들은 자신의 기대치를 쉽게 낮추지 않는다. 또 어렵다는 이유로 중간에 쉽게 멈추거나 시간을 단축하려 차선책을 강구하는 일도 없다. 그들은 그 대신 변함없이 꾸준히 노력해서 결국 목표를 달성하고 최대한 만족을 얻어낸다.

이런 성향을 심리학에서는 '지연된 욕구'라고 한다. 최대의 목표를 달성하고 최대의 보상을 얻기 위해 지금 당장의 욕구를 스스로 늦춘다는 뜻이다. 자신의 욕망을 잠시 접어두고 눈앞의 유혹을 포기하는 것이다. '지연된 욕구'에 관한 아주 유명한 실험이 있다.

미국 스탠퍼드대학교 심리학과 월터 미셸(Walter Mischel) 교수가 이끄는 연구팀이 유치원 어린이 수십 명을 모아 작은 방에 한 명씩 들어가게 했다. 방에는 테이블과 의자가 하나씩 있고, 테이블 위 쟁반에는 아이들이 좋아하는 마시멜로가 놓여 있었다.

연구원이 아이들에게 지금 당장 마시멜로를 한 개 먹어도 되지만 자기가 돌아올 때까지 먹지 않고 기다리면 상으로 하나를 더 주겠다고 했다. 또 테이블 위에 있는 벨을 누르면 연구원이 즉시 방으로 들어오겠다고 말했다.

아이들 입장에서 보면 이 실험은 그야말로 고역이었다. 어떤 아이는 유혹을 피하기 위해 손으로 눈을 가리며 마시멜로를 외면하기도 했다. 또 어떤 아이는 짜증이 난 나머지 테이블을 발로 차거나 머리카락을 잡아당기는 행동을 하기도 했다. 심지어 손으로 마시멜로를 툭툭 치는 아이도 있었다.

실험 결과, 대부분 아이는 불과 3분을 넘기지 못하고 유혹에 넘어갔다. 벨을 누르지도 않고 그냥 먹어버리는 아이도 있었고, 한참 동안 마시멜로를 노려보다가 결국 벨을 누른 아이도 있었다.

아이들 가운데 단지 3분의 1만 마시멜로에 대한 욕구를 참아냈는데 이들은 연구자가 돌아와 상을 줄 때까지 15분을 참아냈다. 이 실험의 원래 목적은 이것이었다.

"왜 어떤 사람은 욕구를 지연할 수 있지만, 또 어떤 사람은 욕구에 항복하는가?"

하지만 미셸 교수는 뜻밖에 한 단계 더 중요한 발견을 했다. 몇 년 후, 그 당시 실험에 참가했던 아이들의 학업 성적과 그들이 어렸을 때 욕구를 지연하는 능력 사이에 일정한 연관이 있음을 발견한 것이다.

그 실험을 할 때 먹고 싶은 마음을 참지 못하고 곧장 벨을 누른 아이들은 집에서든 학교에서든 행동에 문제가 있었고, 학업 성적도 나빴다. 또 전반적으로 스트레스를 이겨내는 능력이 부족했고, 집중력 결핍, 대인관계 능력 부족 등의 문제를 안고 있었다. 반면 15분을 이겨내고 상까지 받은 아이들은 즉시 마시멜로를 먹은 아이들보다 학업 성적이 월등히 높았다.

장기간에 걸친 실험 결과, 욕구를 지연하는 능력이 있는 아이는 자기절제력이 뛰어났다. 그들은 외부의 감독이 없는 상황에서도 자기 행동을 스스로 통제하고 조절할 수 있었다. 이로써 욕망·충동 억제, 유혹 극복, 꾸준한 노력은 목표 실현의 필수조건이라는 사실을 알 수 있었다.

## 일단 실천하는 것이 중요하다

마시멜로의 유혹을 떨치지 못하는 것은 아이들만이 아니다. 어른들 세계에서도 욕망을 주체하지 못하는 사람들이 수두룩하다. 사실 우리 주변에는 우리를 꾀어내려는 '작은 마시멜로'가 도처에 널려 있다.

다이어트를 하려고 마음먹었다. 쇼핑하는 길에 빵집을 지나는데 향기로운 냄새가 코를 자극한다. 빵을 좋아하기 때문에 냄새의 유혹에 무너지고 만다. 다이어트를 본격적으로 하기 전에 마지막이라고 생각하면 되지 뭐…….

연초에 매달 일정액을 저축해 펀드를 사기로 결심했다. 그런데 지난달 쇼핑하러 갔다가 마음에 꼭 드는 옷을 발견했다. 가격이 좀 비쌌지만 유혹을 이기지 못했고, 결국 이번 달 생활비 예산을 초과하고 말았다. 기왕 이렇게 된 마당에 백화점에서 세일하는 예쁜 신발도 한 켤레 사자…….

이렇게 욕망은 한도 끝도 없다. 연말이 되어 연초 계획을 돌이켜보면 통장 잔고는 얼마 남아 있지 않고 투자 계획은 내년으로 미뤄진다. 하지만 내년이 되면 또 어떤 욕망이 생길지 아무도 모른다.

심리학자 브라이언 트레이시(Brian Tracy)는 이렇게 말했다.
"욕구를 지연시켜 미래에 더 많은 보상을 받는 훈련을 지속적으로 하라. 이런 능력이 성공을 위한 필수요건의 하나다."

그렇다면 어떤 습관을 고치고 싶어서 엄청난 노력을 기울일 때마다 우리를 방해하는 요소는 무엇일까? 무엇이 우리 계획을 망가뜨릴까? 무엇이 우리 동력을 떨어뜨릴까? 무엇이 시작도 하기 전에 실패하게 만들까?

답은 명확하다. 욕구 지연의 최대 적인 즉흥적 욕구 때문이다. 간단히 말해서 우리가 욕구를 지연시키지 못한다는 건 자율성이 부족하고 나약하다는 증거다.

욕구를 지연시키려면 어떻게 해야 할까? 먼저 오래된 습관을 버려야 한다. 오래된 습관은 우리에게 패배감만 심어줄 뿐이다. 일상생활에서 좋은 습관을 새로이 기르자. 그럼 더 많은 장기 목표를 세울 수 있고, 이것이 우리 욕구를 지연시키는 든든한 버팀목이 되어준다.

먼저 자신의 기대치를 조정하는 것이 매우 중요하다. 텔레비전 광고나 패션잡지, 다른 방송을 보면 어떤 목표를 달성하기 위해서는 단기간 속성으로 끝내야 한다는 정보가 가득하다. 가령 '30일에 영어회화 끝내기', '일주일에 몸무게 5킬로그램 빼기' 등이다.

이런 정보를 접하다보면 결과에 대한 기대치가 너무 높아진다. 하지만 실제로 이를 실천하기는 매우 힘들다. 시간과 노력도 예상보다 훨씬 많이 소요된다.

따라서 기대치를 현실성 있게 조정한다면 새로운 분위기가 형성되고, 이런 긍정적 환경이 우리가 목표를 향해 꾸준히 노력해나갈 수 있는 버팀목이 되어준다.


우리는 어떤 일을 하기에 앞서 미래의 결과 때문에 강력한 동기부여를 받는 경우가 많다. 일을 처음 시작하면 당장 손안에 있는 일에 집중해야지 처음부터 미래의 결과에 마음을 빼앗겨서는 안 된다. 마음을 빼앗기지 않으면 설령 목표 달성에 실패했다 하더라도 낙담하지 않고, 오히려 인내심은 커지고 정서도 더욱 안정될 수 있다.

자기 행동과 그에 따른 결과에 꾸준히 주목하면 목표는 금방 달성할 수 있다. 이는 매우 효과적이어서 우리는 전보다 더 나은 상황으로 발전하고, 심지어 그 과정에서 즐거움을 찾을 수 있다. 이 과정에서 갑자기 어떤 충동이 일어 우리를 잘못된 길로 이끌 수도 있다. 예를 들어 한창 다이어트 중이고 지금까지 몇 킬로그램 뺐는데, 갑자기 미친 듯이 고기가 먹고 싶을 수도 있다.

또는 지금 보고서 작성에 집중해야 하는데 갑자기 인터넷을 하고 싶은 욕망이 폭발할 수도 있다. 그럴 때는 차라리 잠깐 쉬는 편이 낫다. 잠시 멈추고 조금만 쉬었다 가자. 사실 아무것도 하지 않으면, 이런 충동은 몇 초 또는 몇 분만 지나도 사라진다. 그러고 나서 어떻게 잘할까, 또는 어떻게 다시 시작할까 생각하면 된다.

물론 얼마 지나지 않아 비슷한 충동이 또 일어날 때도 있다. 그럴 때는 굳이 억지로 계속하려고 하지 말자. 어떻게 해야 이런 충동에 다시 빠지지 않을지 생각하고, 다음에 똑같은 문제가 생겼을 때 해결할 방법을 찾아야 한다. 그러고는 즉시 원래로 되돌아와 계속하면 된다.

지연 욕구 훈련은 다이어트, 쇼핑 욕구 억제하기, 습관적 미루기 없애기와 성격이 비슷해서 단기간에 완벽한 성공을 거두기는 어렵다. 일단 시작했다면, 이는 우리 삶이 바뀌기 시작했다는 뜻이다. 명심하자. 가장 중요한 것은 일단 실천부터 하는 것이다.

# 13

## 미루는 습관이 문제다

### 무의미하게 하루하루를 반복하는 사람들

어느 일본 작가가 쓴 에세이에서 이런 글을 읽은 적이 있다. 그는 출판사는 물론이고 신문사·잡지사로부터 원고 청탁을 많이 받는 편인데, 이유는 단 한 번도 마감을 넘긴 적이 없기 때문이란다.

다른 작가들의 경우, 원고 마감이 며칠 안 남았는데 갑자기 편집자에게 전화를 걸어 마감 연기를 요구하는 경우가 다반사인 데 반해 그는 칼같이 약속을 지키는 작가로 정평이 나 있다는 것이다.

이 글을 읽고 작가라는 사람들의 원고 미루기는 세계적인 현상인가 싶어 혼자 웃었다. 나 역시 작가로서 때로는 마감을 미루는 버릇이 있어 뜨끔하기도 했다.

무슨 일을 하든 습관적으로 미루는 사람이 있다. 꼭 처리해야 하지만 당장은 하기 싫어서 일이 잔뜩 쌓인 경우도 있고, 오전 내내 컴퓨터 앞에 앉아 있었지만 사실 아무것도 한 게 없이 쓸데없는 사이트만 돌아다닌 적도 있을 것이다.

결국 그것 때문에 후회하고 괴로워하면서 왜 이런 행동을 통제하지 못할까? 세부적인 계획을 세우고, 하나하나 지켜나가도록 스스로를 독려하면 어떨까? 친구에게 이렇게 얘기했더니 이런 말이 돌아왔다.

"초등학교 때부터 질리도록 계획을 많이 세웠잖아? 그 계획을 다 실천했다면 아마 하버드대학교에 합격했을걸?"

초등학교 때 선생님은 늘 자기 스스로를 잘 관리하는 사람이 되라고 말씀하셨다. 하지만 자기관리가 이 세상에서 가장 어려운 과제일지도 모른다.

자기 혼자만의 힘으로 습관적 미루기를 극복한다는 것은 거의 불가능에 가깝다. 만약 어떤 일을 완성해야 할 구체적인 기한이 없다면, 미루기 증후군 환자들은 평생 미룰지도 모른다.

미루고 또 미루고, 하루 또 하루, 일 년 또 일 년, 이런 식으로 미루다보면 모든 게 엉망이 된다. 이런 사람은 평생 지루하고 무의미하며 실패한 하루하루를 반복한다.


## 선천성 게으름뱅이 환자들

미국 MIT대학 경제학자 댄 애리얼리(Dan Ariely)는 대학생들을 대상으로 흥미 있는 실험을 했다. 대상자를 A, B, C 세 그룹으로 나누고 각 그룹에 속한 학생들에게 3주 이내에 논문을 3편씩 완성하라고 했다. 만약 기한을 넘기면 받아주지 않으며 모두 0점을 주겠다고 했다.

하지만 각 그룹의 마감시간은 다 달랐다. A그룹은 3주가 지난 마지막 날에 논문 3편을 모두 받기로 했다. B그룹은 각 논문의 제출시간을 스스로 결정하게 했다. C그룹은 매주 주말에 반드시 1편씩 제출하도록 했다.

그 결과, 약속을 가장 잘 지킨 그룹은 C였다. B그룹이 두 번째였고, A그룹은 대다수가 마감 며칠을 남겨놓고 허둥지둥 3편을 완성해 제출했는데 성적도 가장 낮았다.

C그룹의 경우, 매주 원고 마감일이 돌아오니 선택할 여지가 없었다. 어쩔 수 없이 매주 한 편씩 착실하게 써서 제출할 수밖

에 없으니 당연히 성적도 가장 좋았다. 기한이 고정불변이었으므로 학생들은 미루고 싶어도 미룰 수 없었기에 자신을 재촉해서 빨리 마무리 짓는 게 상책이었다. 애리얼리 교수는《상식 밖의 경제학(Predictably Irrational)》에서 이렇게 말했다.

"사람은 누구나 습관성 미루기 유전자를 갖고 있다. 가장 좋은 대응법은 자기가 어떤 부분을 미루기를 좋아하는지 파악하고, 다양한 방법을 동원해 미루려는 핑계거리를 봉쇄한 다음, 제대로 그 일을 하지 않으면 안 되도록 자신을 압박하는 것이다."

습관성 미루기를 예방하는 가장 좋은 방법은 완료 기한을 설정하는 것이다. 미루기 증후군 환자들은 더 이상 물러설 수 없는 궁지에 몰려야만 정신을 차리고 착실하게 일을 완성하기 때문이다.

가령 앞서 말한 일본 작가의 경우, 새 책을 탈고하기 전에 항상 해외여행을 떠나기 위해 항공권을 예약한다고 한다. 그래야만 여행 날짜가 다가오기 전에 탈고할 수 있기 때문이다. 안 그랬다간 아까운 비행기표를 날릴 수도 있으니 말이다.

우리 주변에는 일처리가 매우 빠른 시간 관리의 달인이 많다. 그 원동력은 대체 무엇일까? 남들보다 의지력이 강해서일까? 아니다. 사실은 자신에게 매우 엄격하기 때문이다. 자신에게 관문을 많이 설치해서 습관성 미루기가 작동할 여지를 주지 않기 때문이다.

사람은 누구나 선천적 게으름뱅이 환자여서 언제든 나태해질 준비가 되어 있다. 그러니 지금 당장 하지 않으면 굶어 죽는 환경을 만들고, 자신을 그 속에 집어넣으면 업무 효율은 자연히 올라갈 수밖에 없다.

## 자기 삶을 스스로 통제하는 행복

만약 어떤 일에 시간제한이 없다고 하자. 그럼 사람들의 정신 상태는 해이해지고 아무 때나 해도 상관없다는 마음이 싹틀 것이다. 어쨌든 시간은 많다는 생각에 미루고 또 미루다가 결국 마지막에 가서는 몸이 버텨내지 못할 정도로 고생한다.

따라서 업무 효율을 높이고 싶다면 전체 목표를 몇 개 세부 목표로 나누고, 각각의 세부 목표에 완성 기한을 설정하는 편이 좋다. 가령 주말까지 어떤 일을 반드시 끝내야 할 경우, 어떻게든 관리 장치를 마련해야 한다.

주말 이전에 낭비한 시간은 마치 써버린 돈과 같아서 조금씩 부족해진다. 마지막에 잔고가 부족하다는 현실을 깨달으면, 몸은 그 즉시 정신을 차리고 자동적으로 아드레날린을 분비하여 집중력이 고도로 높아진다. 그러면 자연히 업무 효율도 높아진다.

결국 미루기 증후군이 생기는 원인은 자제력이 부족했기 때문이므로 어쩔 수 없이 외부 힘을 빌려 자기를 통제할 수밖에 없다. 자기개발 분야 권위자인 브라이언 트레이시는 《잠들어 있는 성공 시스템을 깨워라(Maximum Achievement)》에서 다음과 같이 자기통제 법칙을 제시했다.

첫째, 인생에 대한 통제 정도가 높을수록 인생은 그만큼 행복해진다.

둘째, 인생에 대한 통제 정도가 낮을수록, 또 다른 사람 또는 다른 사물에 통제될수록 인생이 불행해진다.

여기서 알 수 있듯이 인생에서 자기 통제력이 매우 중요하다. 자기 통제력을 높일수록 미루기 증후군이나 무기력증과 싸워 이길 가능성이 높아진다는 얘기다. 시간 관리와 감정 관리에 익숙해지면 인생이란 자동차의 핸들을 내가 직접 잡는 것과 같아서 모든 일이 내 뜻대로 이루어진다. 그럼 우리는 전보다 더 강해지고, 목표는 더욱 명확해지고, 마음은 좀더 즐겁고 행복해진다.

심리학자들은 근육과 마찬가지로 자기 통제력도 훈련을 거듭할수록 강해진다고 말한다. 따라서 다양한 국면에서 시시때

때로 자기 통제력을 강화하는 연습을 하자.

자기 통제력의 적(敵)은 욕망이다. 지금 당장 쾌락을 맛보고 싶은 욕망이 우리의 장기 목표를 망가뜨린다. 이런 욕망을 없애고 싶어 할수록, 더는 이런 욕망이 생각나지 않게 만들고 싶어 할수록 오히려 역효과를 일으킨다.

예를 들어 더는 코끼리를 생각하지 말라고 강조할수록 머릿속에는 자동적으로 코끼리 모습이 떠오르는 것과 같은 이치다. 외부의 힘이 어떤 것을 생각하지 말라고 강요할 때, 그 욕구는 오히려 더 우리 머릿속을 맴돌고, 이는 일종의 스트레스로 이어진다.


스트레스가 생기면 자기 통제력은 점점 약해진다. 따라서 너무 큰 목표를 세워 스트레스를 자초해서는 안 된다. 차라리 작은 일부터 실천해서 의지력을 키워가는 편이 훨씬 더 효과적이다. 예를 들어 하루에 독서 5페이지, 아침에 정해진 시간에 일어나기 등이 대표적이다.

아무리 작은 일이라도 매일 꾸준히 계속한다면 자기 통제력을 키울 수 있다. 그리고 어느 분야에서 자기 통제력이 일정 수준으로 높아지면 그 분야에서 훨씬 더 자율적으로 바뀌게 된다. 나는 여러분이 이런 삶의 주인공이 되기를 바란다.

# 14

# 아무리 문을 두드려도
# 창문이 되지 않는다

## 가슴속 공허함을 채우는 어떤 방식

몇 년 전, 운전면허를 따기 위해 필기시험을 본 뒤 도로주행 실기 연습을 했다. 실기 강사는 하루에 학생을 두 명만 가르쳤다. 오전과 오후에 각 한 명씩인데, 오전반 수강생이 바로 나였다.

시간을 아끼면서 두 사람이 더 많이 연습하기 위해 오전 실기 연습이 끝나면 지정된 장소로 이동해서 오후반 학생을 태웠다. 그리고 오후반 학생은 오전반 학생을 집까지 태워다주었다. 나는 이 과정에서 사람이 어느 정도까지 바쁠 수 있는지를 실감했다.

강사의 말에 따르면, 오후반 수강생인 그 여성은 외국계 기업에 다니는데 행정이나 홍보 분야에서 일하는 것 같다고 했다. 그녀는 처리해야 할 일이 너무 많고 복잡한 것 같았다. 운전석에 앉자마자 한 손으로 핸들을 잡고, 다른 한 손으로 핸드폰을 잡고 전화를 했다.

핸들을 넘겨받아 나를 집에 태워다줄 때까지 거의 한 시간 동안, 그녀는 거의 3분에 한 번씩 통화했다. 업무지시 아니면 업무 진행 체크, 그것도 아니면 고객과 연락했다.


"기획회의 계획서 다 작성했나요? 언제쯤 보내줄래요?"

"고객이 공항 귀빈 전용 통로로 들어오기를 원하는데 빨리 배정해주세요."

"오늘 계약 잘 체결했나요?"

"A사로부터 계약서 도착했나요?"

"이번 주에 VIP 고객과 미팅시간 다시 확인해주세요."

뒷좌석에서 앉은 나는 좌불안석이었다. 갑자기 급브레이크를 밟거나 급하게 핸들을 꺾는 통에 나같이 소심한 사람에게는 공포 그 자체였다. 차에서 내리면 마치 특별사면이라도 받은 듯 '아, 이제 살았다!'는 말이 절로 나왔다.


나는 도무지 이해할 수 없었다. 뭐가 그렇게 바쁠까? 그렇게 바쁘면 차라리 운전 연습을 그만두고 다음에 다시 일정을 잡으면 되지 않을까? 이런 식으로 한 손으로 운전 연습을 하면서 한 손으로 일하다니, 이러다가는 두 마리 토끼를 다 놓치지 않을까?

나중에 정신과의사로 일하는 친구와 식사하면서 이 일에 관해 얘기를 나눌 기회가 있었다. 내가 말했다.

"외국계 기업에 다니는 고액 연봉자도 할 짓이 못 되는 것 같아. 나랑 같이 운전연수받던 그 여자는 매일 정신없이 바쁘고, 운전 연습을 무슨 화상회의 하듯이 하더라고."

그러자 친구가 무슨 말인지 알겠다는 듯이 웃으면서 이렇게 말했다.

"아마 그 여자는 생각만큼 바쁘지 않을걸? 그냥 다른 사람들에게 바쁜 척하는 모습을 보였을 뿐이야."

전혀 예상하지 못한 의견이라 깜짝 놀랐다. 그동안 가난한 척하거나 부자인 척하는 사람은 봤어도 바쁜 척하는 사람은 처음 보았으니 말이다. 게다가 제법 큰돈을 내고 운전연수를 하면서, 어차피 연수가 끝나면 평생 두 번 다시 볼 일이 없는 남에게 바쁜 척을 하다니, 도대체 왜 그렇게 했을까?

그 친구는 말하기를, 그 여자는 내가 생판 모르는 남이기 때문에 오히려 편하게 연기했을 거라고 설명했다. 아는 사람 앞이라면 금방 거짓이 탄로 나겠지만 일면식도 없는 남이라면 자신이 성공한 사람이라고 가식을 떨어도 무방하다고 생각했을 거라는 게 친구의 판단이었다.

내 친구의 말은 이렇게 이어졌다.

"그 여자가 원한 것은 아마 타인으로부터 부러움의 대상이 되는 느낌이었을 거야. 사실 그녀의 실생활은 별로 바쁘지도 않고 성공하지도 못했을 거야. 아니면 아예 직장이 없거나 모든 일이 뜻대로 안 풀릴 수도 있어. 내 추측이 맞는다면, 어쩌면 그녀는 낯선 사람의 부러움을 자양분 삼아 가슴속의 공허함을 채우고 있었을 거야."

나는 그 친구에게 정신과의사들의 심리는 모두 그렇게 부정적이냐고 물었다. 그러자 그 친구는 이렇게 대답했다.

"나는 사람 마음을 좀더 잘 이해할 뿐이야."


## 가면을 너무 오래 쓰고 있으면

'척'하며 사는 것은 사실 너무 힘든 일이다. 하지만 이런 수고를 마다않고 계속해서 '척'하며 살고 싶어 하는 사람들이 의외로 많다. 자신을 강인한 직장 여성으로 포장하든, 상류사회에서 노는 사람으로 포장하든, 아니면 어려움을 모르고 자라 온 몸에 긍정 에너지가 넘치는 사람으로 포장하든, 이 모든 행동은 본인의 능력에 자신감이 없기 때문에 생긴다.

조금 듣기 거북할지 몰라도, 이런 식의 '척'하는 행위는 일종의 심리적 자위행위라고 할 수 있다. 더 나아지려고 노력하는 행위는 당연히 바람직하지만, 잘못된 방식을 사용한다면 오히려 잃는 것이 더 많다. 그것은 현관문을 아무리 두드려도 현관문은 여전히 현관문이지 창문으로 바뀔 수 없는 것과 같은 이치다.

어떤 친구는 이런 생각에 반박하면서, 성공하려면 성공한 척하는 생각과 행동습관이 필요하다며 이를 '역할연기'라고 주장했다. 이런 식의 역할연기로 자기가 가진 것을 타인과 교환할 수 있고, 남들의 인정도 받을 수 있으며, 뭔가 기회를 얻을 수도 있다는 논리였다. 하지만 나는 자기가 성공할 수 있다고 믿는 것과 성공한 척하는 것은 절대로 같을 수 없다고 생각한다.

할리우드 스타 짐 캐리는 1990년까지 할리우드에서 10년이나 활동했으면서도 여전히 무명배우 꼬리표를 떼지 못했다. 그는 실의에 빠졌지만 그럼에도 5년 뒤 현금으로 바꿀 수 있는 1,000만 달러짜리 수표를 만들어 지갑에 넣고 다녔다.

물론 그 자신이 그려낸 가짜 수표였지만 그는 매일같이 그 수표를 들여다보며 '나는 성공할 수 있다!'는 신념을 자기에게 주입했다. 4년 후 그는 〈마스크〉라는 영화로 할리우드에서 개런티가 가장 높은 코미디 배우가 되었다.

성공할 수 있다고 믿는 행위는 마치 성공한 사람과 똑같이 사고하고, 똑같이 행동하며, 새로운 수준과 경지로 상승하는 것과 같다. 반면 아무것도 이뤄낸 것 없이 자신이 성공한 척하는 행위는 매일 머리를 짜내 스토리를 조작하고, 자신을 그렇게 허구 속 인물로 설정하는 것이다.

이런 행위는 자신에게 어떤 긍정 에너지도 보탤 수 없는 무의미한 일이다. 하고 싶은 일이 있다면 가슴이 내용물로 꽉 차도록 최선을 다해 노력해야 한다. 단순한 일을 복잡하게 만들거나 쓸데없이 수많은 가지를 칠 필요는 없다.

중국의 대문호 루쉰(魯迅)은 이렇게 말했다.

"가면을 너무 오래 쓰고 있으면 가면이 얼굴에 붙어버린다. 나중에 떼려면 얼굴 가죽이 벗겨질 것이다."

# 15

# 나에게 중요한 일만 하며 살자

## 제대로 쉬지 못하는 사람들의 악순환

한동안 스트레스가 너무 쌓여서 초조하고 불안하게 지낸 적이 있다. 침대에 누워서도 머릿속에 작은 체인이 있는 것처럼 쉭 쉭 소리를 내며 빠른 속도로 회전했다. 아직 끝내지 못한 일, 내일 스케줄, 아직 해결할 수 없는 문제를 생각하면서 말이다.

하지만 생각에 빠질수록 더욱 초조해졌고, 그럴수록 잠을 이룰 수 없었다. 문제는 몸이 극도로 피로하다는 걸 알면서도 의식은 지극히 또렷하다는 것이었다. 손을 뻗어도 손가락조차 보이지 않는 칠흑 같은 어둠 속에서 초조함 때문에 집중력이 점점 쇠퇴해가는 걸 느꼈다.

이보다 더 끔찍한 기분이 있을까? 간신히 잠이 들어도 편안하게 숙면을 취할 수 없었고, 다음 날 이른 아침에 또다시 극도의 피곤을 느끼며 힘겹게 일어나야 했다.

몸은 간절하게 휴식을 원했지만, 감정이 여전히 내 몸을 지배해서 온전한 휴식을 취할 수 없었다. 매일같이 기분이 엉망인 채로 나는 심각한 악순환의 늪에 빠져 허우적댔다.

이런 상황에 어떻게 대처해야 할지 고민하기 시작했다. 도대체 왜 이렇게 긴장하는 걸까? 일이 너무 힘든 탓일까? 현재 하는 일을 하나하나 따져보니 특별히 힘든 건 없었다.

하지만 이를 전부 합쳐 하나로 뒤섞으니 스트레스가 치솟았다. 지난 몇 달 동안, 너무 많은 일을 한꺼번에 처리해왔다. 매주 두 차례씩 영어학원에 다니고, 아침 일찍 회사에 출근하고, 밀린 원고를 쓰고, 새로 매입한 집 인테리어도 직접 했다.

나는 어쨌든 연말까지는 이 모든 일을 혼자서 온전히 감당해낼 계획이었다. 이렇게 바쁠수록 하는 일은 효율성이 점점 떨어지고, 그럴수록 자책감이 깊어진다. 신경정신과 전문의를 찾았더니 제대로 쉬지 못하는 사람들은 대부분 이런 악순환에 빠져 있다고 했다.

"일과 삶 두 가지 모두를 놓칠 수 없다는 생각에 허둥대고,

그럴수록 동시에 챙겨야 할 일은 더욱 많아집니다. 이걸 챙기면 저걸 놓치고, 이쪽을 두드리면 저쪽이 튀어 오릅니다. 그러다 보면 어느 것 하나 제대로 처리한 일도 없이 결국 지쳐 나가떨어지고 말게 됩니다."

## 행복하려면 취사선택하는 법을 배워야 한다

얼마 전 '인생의 승리자'라는 말이 유행했다. 텔레비전 예능프로그램에 나온 어느 여배우에게 사회자가 물었다.

"귀여운 아이도 있고, 멋진 남편도 있잖아요? 게다가 얼마 전 개봉한 영화도 성공했고요. 정말 누가 봐도 분명한 인생의 승리자 같아요!"

이 여배우처럼 사랑과 직업, 가정 모두에서 성공해 부족할 것이 없는 사람이야말로 인생의 진정한 승리자라고 할 수 있다. 나도 그녀처럼 인생의 승리자가 되겠다는 생각은 당연히 문제될 게 없다. 하지만 인생의 모든 순간에 모든 것을 다 갖추고 모든 것에 다 완벽해야만 인생의 진짜 승리자이고, 그렇지 못할 경우 인생의 패배자라는 생각이 옳은 것일까?

작가 우단루는 《시간 관리의 행복학》에서 이렇게 썼다.

"행복해지려면 취사선택하는 법을 배워야 한다. 꿈은 서서히 이뤄나가야 한다. 모든 일을 한꺼번에 이루겠다는 욕심은 내려놓자. 안 그랬다가는 목표를 달성하는 순간 미쳐버릴 수도 있으니까."

제일 좋은 방식은 인생의 승리자니 패배자니 하는 생각을 버리고, 먼저 한 가지 일을 정해 제대로 한 뒤 그다음 일을 시작하는 것이다. 일과 삶에서 완벽한 균형을 추구하겠다는 거창한 환상 따위는 포기하는 게 현명하다는 얘기다. 우단루의 글은 이렇게 이어진다.

"단순한 삶의 핵심은 있어도 그만, 없어도 그만인 선택을 제거하고 진짜 하고 싶은 일에 에너지를 집중하는 것이다."


노스님이 젊은 승려와 함께 작은 사찰에서 수행하고 있었다. 젊은 승려는 노스님과 함께 수행한 지 몇 년이 지났는데도 여전히 참선의 의미가 무엇인지 모를 만큼 깨달음이 더뎠다. 어느 날 젊은 승려가 노스님에게 물었다.

"큰스님, 참선이란 대체 무엇입니까?"

노스님은 젊은 승려를 흘끗 보더니 아무 말도 하지 않았다. 밤에 잠을 자야 할 시간이 되자 젊은 승려가 다시 노스님에게 물었다.

"큰스님, 참선이란 대체 무엇입니까?"

그러자 노스님이 젊은 승려의 얼굴을 보며 이렇게 말했다.

"배가 고프면 밥을 먹고, 졸리면 잠을 자는 것이 바로 참선이다!"

'배가 고프면 밥을 먹고 졸리면 자는 것'이란 무슨 뜻일까? 나는 그것을 이렇게 풀이한다.

"진정한 참선이란 한 가지에 집중하여 현재를 충실히 살고, 해야 할 일에 모든 것을 다하면서 순리에 맞게 사는 것이다."


## 우리가 하나의 일에 완전히 몰입하면

동시에 여러 가지 일을 한다는 것은 외부로부터 끊임없이 방해를 받는다는 뜻이며, 이런 방해꾼을 끊임없이 물리쳐야 한다는 것을 의미한다.

이런 멀티태스킹 탓에 우리 집중력은 수많은 일에 의해 사방으로 분산되고, 지금 당장 해야 할 일은 미뤄지고 또 미뤄진다. 한 가지에만 올인하는 것은 고사하고, 두세 가지에 집중하기에도 벅차다. 그야말로 제정신으로 일할 수 있는 상황이 아니다.

현대사회는 멀티태스킹이 곳곳에 뿌리내리고 있다. 그런 환경에서 살다보면 집중력이 지속적으로 분산되고, 무수한 파편으로 갈라지기 때문에 인내심과 의지력도 부족해진다. 그 결과 업무 효율성도 떨어져 실수를 연발하는 가운데 성과는 엉망이 된다.

    심리학자들은 이런 일이 사회 전체의 집단적 병폐라고 진단한다. 하지만 나는 이 문제가 결국 개인이 스스로 해결할 일이라고 생각한다. 본인이 어떤 일에 지속적으로 흥미를 느끼고, 마음에서 우러나와 시간과 노력과 열정을 쏟아부어야만 비로소 100퍼센트 제대로 몰입할 수 있기 때문이다.

    어느 분야의 최고가 되려면 미치지 않으면 살아남지 못한다는 말이 있다. 정말로 한 가지에 완전히 미쳐서 질적으로 변해야만 성공할 수 있다는 의미일 것이다. 작가 구뎬(古典)은《생각의 벽을 허물어라(拆掉思惟裏的墙)》에서 이렇게 말했다.

    "우리가 하나의 일에 완전히 몰입하면 그 일이 아무리 단순하고 하찮더라도 즐거움을 얻게 된다. 요가 고수들은 이렇게 말할 것이다. 만약 진지하게 호흡에 몰입한다면 비록 이것이 우리가 매일 수없이 반복하는 일이지만 더없이 큰 행복을 느낄 수 있다고."

    어떤 이는 이렇게 말할지도 모른다.

    "나는 모든 일에 완전히 몰입하고, 그런 가운데 즐거움도 느끼는데 왜 아무런 성과도 내지 못하지?"

그 이유는 에너지를 분산했기 때문이다. 그렇기에 노력의 효과가 미미해지는 것이다. 집중력을 갖가지 일에 분산하면 각각의 일에 배정된 힘과 노력도 그만큼 흩어지고 약해질 수밖에 없다. 그렇게 되면 그 어떤 일도 제대로 해낼 수 없다.

모든 일에 집중하는 것은 당연히 바람직하지만, 우리가 하고 싶은 일을 동시에 모조리 해낼 수는 없다. 하지만 그중 한 가지만 선택해 몰입하고 또 꾸준히 계속한다면, 우리 인생은 그로써 완전히 달라질 것이다. 이것이 바로 마케팅에서 말하는 '선택과 집중'의 원칙이다.

예를 들어 일 년 안에 외국어 두 개를 완전히 마스터하고, 연말에는 회사 전체에서 실적 1등을 차지하고, 아울러 책 50권을 읽겠다는 계획은 힘은 힘대로 들고, 끝내 원하는 성과도 낼 수 없다.

이러한 멀티태스킹 전략을 바꾸고 싶다면 당연히 단순화로 가야 한다. 자기가 가장 좋아하는 한 가지 분명한 목표에 모든 노력을 집중해야 한다는 얘기다.

순리에 따라 차분히 마음을 가라앉힌 채 하나의 일을 제대로 해내는 것, 이것이 우리 잠재력을 최대치로 끌어내는 방법이다. 이렇게 살면 그 성취감은 매우 크며 이런 기쁨이 계속되는 삶이 바로 성공한 인생이다.

# PART 4

# 인간관계를 단순화하면
# 생기는 일들

# 16

# 진짜 친구는 누구인가

## 사람은 서로 안아주어야 위안이 된다

어느 날 가깝게 지내는 친구가 현재 다니는 영어학원의 강사가 좋아졌다고 고백했다. 수강생이 강사를 좋아하는 일은 너무 흔해서 별로 새로울 게 없지만, 그래도 내게는 그 말이 조금 신기하게 들렸다.

그 친구는 수없이 많은 소개팅에도 눈이 너무 높아서인지 매번 퇴짜를 놓았다. 결벽증도 약간 있어서 복잡하고 지저분한 지하철은 절대로 타지 않고, 엘리베이터에서는 낯선 사람과 옷깃이 스치는 것조차 끔찍이 싫어했다. 그런 사람이 갑자기 사랑에 빠지다니, 궁금해진 내가 이유를 묻자 그녀가 빙긋

웃으면서 대답했다.

"그 사람이 내 옆으로 다가와서 얼굴을 맞대고 잘못된 내 영어 발음을 고쳐줄 때, 그의 눈을 보는 순간 심장이 마구 뛰었어. 그때 나는 느꼈어, 이것은 운명이라고."

어떤 사람들은 이를 두고 '우연적 필연'이라고 근사하게 부르기도 하지만, 사실 그리 이성적인 자세는 아니라고 생각한다. 사랑은 백마를 탄 왕자님이 길을 잃고 방황하는 천사를 찾아가는 과정이 아니다. 또는 텔레비전의 짝짓기 예능에서처럼 외모, 돈, 재능을 놓고 벌이는 쟁탈전도 아니다.

심리학을 전공한 사람들은 진짜 인연이란 스스로 노력해서 쟁취하는 것이라는 사실을 잘 알고 있다. 심리상담가로서 보면 내 친구가 그렇게도 빨리 영어강사와 사랑에 빠진 이유는 두 가지 핵심 전제조건이 충족되어서였다.

첫째는 좁은 공간에서 단둘이 만났기 때문이고, 둘째는 빈번한 신체 접촉 때문이다. 이것이 바로 학원이라는 공간이 만남과 사랑이 싹트기 좋은 장소인 이유이기도 하다.

인간의 욕구는 대부분 스스로 해결할 수 있다. 하지만 피부의 욕구는 다른 사람이 쓰다듬어줘야만 간지러움을 느낄 수 있듯이 자급자족이 불가능하다. 하느님이 이렇게 만드신 이유는 서로 의지하고 서로 필요로 하라는 뜻이 아닐까?

화가 장쉰(蔣勳)은 '신체 미학'을 주제로 한 강연에서 포옹하지 않은 신체는 '황량한 육체'라고 말했다.

"두 팔을 구부려 자기 어깨를 감싸 안으면 외로움만 커져간다. 다른 사람이 안아주어야만 위안이 된다."

내 친구의 경우, 강사가 얼굴을 맞대고 영어 발음을 교정해주는 동안 그의 온기가 친구 피부에 직접 전달되었을 것이다. 너무 오랫동안 황량했던 피부가 감동을 받으면 마음도 그에 따라 자연히 감동을 받지 않을까? 이런 감동보다 더 따뜻하게 마음을 어루만져주고 상처를 치유해줄 수 있는 건 없는 듯하다.


## 이제 사랑하는 이들에게 손을 내밀자

원시시대 사람들은 말을 많이 하지 않는 대신 대부분 신체 접촉으로 교류했다. 아직 언어 표현이 제한되어 있던 시절이라 개인의 의도를 전달할 때 신체언어보다 더 정확히 표현할 방법은 없었다.

시간이 흘러 문명이 점점 발달하면서 인간은 이전보다 더 심리적 안정감을 갖게 되었지만, 이에 따라 인간 사이의 친밀한 신체적 접촉은 점점 줄어들었다. 부모와 자식, 부부, 형제자매 사이에도 예외가 아니다.

화가 장쉰이 아니라도, 심리학자들은 이미 오래전부터 인간 관계에서 신체 접촉과 물리적 거리가 매우 중요하다고 강조해왔다. 손을 맞잡고 얼굴을 보며 대화하고, 그런 가운데 마음을 나누는 것이 인간관계의 핵심이라는 얘기다.

오늘날 사람들 사이의 사랑이나 우정을 표현하는 매개체가 점점 기계로 대체되고 있다. 인터넷에 기반을 둔 기계들은 대면 접촉 없이도 소통을 가능하게 해준다. 그러다보니 얼굴을 마주 대한 상황에서도 이런 기계의 유혹을 이겨내지 못하는 사람이 여전히 많다.

얼마 전 친지의 결혼식에 참석했을 때, 예식을 시작했는데도 하객들이 모두 고개를 파묻고 핸드폰을 들여다보느라 바빴다. 심지어 어떤 사람 장례식장에 갔더니 조문객들이 정신없이 핸드폰을 들여다보고 있더라는 얘기도 들었다. 화가 장쉰은 이렇게 말했다.

"이제 그만 핸드폰을 내려놓고 사랑하는 사람들에게 손을 내밀자."

우리는 안아주거나 쓰다듬어주는 동작을 하며 마음을 나눈다. 이로써 우리의 무의식 세계가 지금 관계를 어떻게 생각하는지, 지금 상대방이 내 삶에서 어느 정도 위치를 차지하는지를 알게 한다. 부드러운 신체 접촉은 때때로 '사랑해'라는 직접적 언어 표현보다 훨씬 감동을 준다.

## 손을 잡아주어라, 어깨를 빌려주어라

친밀한 신체 접촉이 반드시 어떤 관계를 만들거나 물리적 거리를 심리적 거리로 치환한다고 단정할 수는 없다. 하지만 심리적 거리가 물리적 거리에 지배받는 경향이 있는 것은 사실이다.

교실에서 몇 년 동안 같이 생활한 친구나 몇 줄 건너에 앉았던 반 친구를 몇 년 뒤 졸업 앨범에서 다시 발견했을 때, 그의 이름이 갑자기 생각나지 않았던 경험이 있을 것이다.

가까이 있는 사람이 친구나 애인이 될 확률은 멀리 떨어져 있는 사람보다 훨씬 높다. 가까이 있어서 좋은 친구가 되고, 반대로 멀리 떨어져 있어서 관계가 소원해지는 경우도 흔히 볼 수 있다. 이것이 장거리 연애가 성공하기 어려운 중요한 원인 중 하나다.

모든 포유동물은 태어나는 순간부터 접촉하기를 원한다. 친밀한 신체 접촉은 삶의 전 과정에서 매우 중요한 영향을 미친다. 만약 어렸을 때 보호자가 입맞춤, 쓰다듬어주기, 안아주기를 소홀히 했다면 그 사람은 폐쇄적인 내향성을 갖거나 보호받는다는 느낌을 느끼지 못하거나 심지어 외부세계와 건강한 관계를 맺지 못한 채 사랑을 받고 표현하는 데 어려움을 느낄 수도 있다.

이렇게 자란 아이는 나중에 어른이 된 뒤 남녀관계에도 악영향을 받는다. 그럼에도 그들의 마음속에는 사랑받고 관심받고 위로받고 싶은 강렬한 욕구가 잠재되어 있다. 어른이 된 후에도 이불, 베개, 곰인형을 단단히 껴안고 잠을 자는 이유는 바로 이 때문이다.

미국의 의학자들은 안마, 포옹, 손 잡아주기 같은 신체 접촉이 상대방 기분을 좋게 할 뿐 아니라 심장을 보호하고 혈압을 낮추며 통증을 개선하는 등 건강에 매우 유익하다는 사실을 발견했다.

그러고 보면 인간은 생각만큼 그렇게 강인하지 않을 수도 있다. 명품 옷을 입었지만 그 안에는 여전히 안아주기를 갈망하는 여린 마음이 숨어 있으니 말이다.

반면에 SNS 등 첨단기계를 통해 유지되는 관계는 우리 몸과 마음에 깊은 상처를 줄 수도 있다. 그러니 자기 손과 마음의 따뜻한 기운을 아끼지 말았으면 좋겠다.

오프라인에서 밤늦도록 무릎을 맞대고 얘기할 수 있는 친구 한 명이 온라인에서 소통하는 친구 100명보다 훨씬 낫다. 그러니 다른 사람에게 '좋아요' 버튼을 누르고 짧은 댓글을 다느라 시간을 보내지 말고, 차라리 가까이 있는 사람들에게 직접 '좋아요'라고 말하자.

그리고 친구를 많이 만나기 바란다. 핸드폰 액정을 사이에 두고 만나는 건 이제 그만두자. 그들이 필요로 할 때는 손을 잡아주어라. 어깨가 필요하면 어깨를 빌려주어라. 가족을 더 많이 안아주어라. 그럼 상대방에게도, 그리고 나에게도 큰 도움이 된다는 걸 깨닫게 될 것이다.

# 17

# 누구나 헛소문의
# 희생자가 될 수 있다

## 나에 관한 나쁜 소문에 대처하는 법

미국 텔레비전 드라마에 이런 장면이 나온다. 영업부의 여성 팀장과 판매왕을 차지한 여성 부하직원이 암투를 벌이는데, 회사 CEO는 그 판매왕을 좋아한다. 이때 이혼한 지 얼마 안 되는 판매왕이 임신한 사실을 알게 된 팀장이 회사 내에 소문을 퍼뜨린다.

그러자 회사 전체에 이러쿵저러쿵 말들이 돌아다니고 온갖 억측이 난무한다. 사람들은 판매왕의 아이 아빠는 분명히 전 남편 아니면 이 회사 CEO일 거라는 식으로 숙덕거린다.

아이 아빠가 누구인지는 회사 전체만이 아니라 거래처에서

까지 초미의 관심사로 떠오른다. 정말로 무쇠 같은 강심장이 아니라면 누구라도 이런 소문을 버틸 재간이 없어 보인다. 결과가 어떻게 되었는지 궁금한가? 판매왕이 임신한 아이의 아빠가 누구냐고?

사람들은 왜 소문을 퍼뜨리는 걸 좋아할까? 또 사람들은 왜 그런 소문의 결말을 궁금해할까? 드라마는 아이 아빠가 누구인지 끝내 알려주지 않는다. 아마도 작가는 이렇게 묻는 것 같다. 남의 아이 아빠가 누구든 그게 무슨 상관인가?

예전에 어느 강연회에서 인간의 언어능력이 왜 이렇게 발달했는지 들은 적이 있다. 만약 일상적 교류에만 언어를 사용했다면 뛰어난 표현 능력을 갖출 필요가 없었을 것이다. 단순하고 일상적인 언어 습관만으로도 얼마든지 소통이 가능하기 때문이다.

강사는 지금처럼 정교하고 복잡한 언어체계가 만들어진 이유로, 소문을 퍼뜨리기 위해서였다고 설명했다. 학자들에 따르면, 인류는 원시사회 때부터 이미 거짓말하는 습관이 있었다고 한다. 남자들이 사냥하러 나가면 과일을 따가지고서 돌아온 여자들이 동굴 앞에 모여앉아 다른 사람 뒷담화를 시작한다. 이런 습관이 현재까지 이어져 인간사회에서 여론 형성 과정의 큰 부분을 차지한다.

심리학자들은 온갖 헛소문을 퍼뜨려 타인을 매도하는 걸 즐기는 사람은 대개 자신도 그렇게 되고 싶다는 욕망을 품고 있다고 말한다. 가령 예쁜 여자와 잘생긴 남자가 한 방에 있으면 무조건 무슨 일이 생긴다고 떠들어대는 사람은, 이런 조건과 토양이 마련될 경우 자기도 똑같이 불륜을 저지를 가능성이 크다는 것이다.

최근 승진한 동료를 능력이 아닌 다른 무엇으로 승진했다고 헐뜯는 사람은 꿈속에서도 느닷없이 사장으로 승진하는 꿈을 꾼다고 한다. 먹는 것만 좋아하고 게으른 사람을 보면서 능력 있는 부모를 만나서 그렇다고 헐뜯는 사람은 자기는 왜 부자 부모를 못 만났냐며 원망할 것이다.

나쁜 소문의 주인공이 되고 싶은 사람은 아무도 없다. 하지만 모든 소문이 우리에게 영향을 미치지는 않는다. 별로 중요해 보이지 않는 말이 우리의 민감한 신경을 들쑤셔 소문이 확산될 수도 있고, 반대로 꽤 중요해 보이는 일인데도 다들 그냥 웃어넘길 때도 있다.

어떤 소문에 민감하게 반응하느냐, 아니면 남의 일 보듯이 넘기느냐는 우리가 우리 자신을 어떻게 바라보느냐에 따라 결정된다. 어쨌든 그 소문이 나하고만 관련되어 있으니 말이다.

사람들이 독한 혀로 소문을 만들어낼 때는 그 사람들과만 관련이 있다. 하지만 그 소문에 보이는 반응과 느낌은 온전히 나 자신과만 관련이 있다. 만약 내가 어떤 소문에 과민한 반응을 보인다면 나 자신에게 물어봐야 한다.

"내가 왜 이렇게 찔리는 게 있지? 나는 이 일에 관해 나 자신을 어떻게 바라보는 것일까?"

다시 말해 소문의 파괴력이 어느 정도로 큰지는 전적으로 나 자신에게 달려 있다. 무슨 말인지 이해가 안 가거나 동의하지 못할 수도 있겠지만 엄연한 사실이다.

소문 때문에 타격을 받는다면, 그건 오히려 기회일 수도 있다. 그 소문을 계기로 지난날을 돌아보며 자신을 되짚어볼 수 있으니 말이다. 잘만 처리한다면 오히려 삶이 한 단계 나아지고 좀더 성숙해질 수도 있다. 반대로 제대로 처리하지 못하면 자기 성격의 약점만 더 드러난다. 그래서 소극적으로 변하고 본인 삶에는 큰 마이너스가 된다.

## 다른 사람이 뭐라고 해도 나만 당당하면 된다

나에 대해 나쁜 소문이 돌면 어떻게 대처해야 할까? 일단 마음을 단단히 먹어야 한다. 괴로워하지도 말고, 화를 내지도 말아야 한다. 소문의 주인공이 되었다는 것은 내가 존재감이 있고, 화제의 주인공으로 발탁될 만한 능력이 있다는 증거라고 생각하자.

이렇게 침착함을 유지하면서 나 자신을 돌아볼 필요가 있다. 내 행동에 문제가 없었나? 능력이 부족하지는 않았나? 인간관계에 문제는 없었나? 그래서 소문이 날 빌미를 준 건 아닐까?

예를 들어 경영자와 나의 관계가 좋지 않다는 소문이 돌면 평소 언행에 실수가 없었는지, 일에 떠밀려 짜증이 너무 많았던 것은 아닌지 돌아보자. 만약 아무 문제가 없다고 생각한다면, 남들이 뭐라고 쑥덕거리든 소중한 내 시간을 낭비할 필요가 없다.


만약 내가 너무 아부를 떤다는 소문이 돈다면, 그건 훨씬 더 간단히 처리할 수 있다. 더 뛰어난 실적을 내서 내가 회사에 없어서는 안 될 존재라는 사실을 보여주고, 능력이 있으면 그만큼 대우를 받는다는 걸 증명하면 된다.

다른 사람이 뭐라고 하든 나만 당당하면 된다. 그렇게 내가 나 자신을 인정할 수 있다면, 타인의 평가로 내 존재를 증명하려고 애쓸 필요가 없다.

다른 사람 입은 내가 막을 수 없다. 다른 사람 생각을 통제하는 것 역시 불가능하다. 하루 종일 남들이 나를 어떻게 생각할지 촉각을 곤두세운다면 내 삶에 그 어떤 도움도 되지 않는다는 걸 잊지 말자.

사회생활을 지속하는 한, 누구나 몇 번씩 나쁜 소문의 주인공이 되는 경험을 하게 된다. 안타깝게도 자신을 둘러싼 나쁜 소문에 너무 시달리다가 스스로 목숨을 끊는 일들이 있다.

유명 연예인들 중에는 말도 안 되는 스캔들에 휘말려 마음고생을 하다가 죽음으로 억울함을 표현하는 사람도 있다. 그런 소식을 접할 때마다 세상에는 일부러 나쁜 소문을 만들어 퍼뜨려서 쾌락을 느끼는 인간이 많다는 현실이 어이없으면서도 안타깝다.

아무리 질이 나쁜 소문이라도 자신만 떳떳하다면 시간이 해결해준다고 믿으며 마음을 다지기 바란다. 대개 이런 사람들은 우울증이다, 조울증이다 해서 심리적 고통에 시달리는데 그런 때는 하루라도 빨리 전문가를 찾아 치유의 길을 걷자.

뒤에서 헛소문을 만들어 퍼뜨리고, 그 때문에 고통스러워하는 모습을 보며 킬킬거리는 놈들에게 저주를 퍼붓자. 그들은 인간이기를 포기한 이들이니 얼마든지 저주해도 좋다.

# 18

# 쓰레기와는
# 절대로 얽히지 말자

## 발밑에 묻힌 지뢰처럼 언제든 폭발할 수 있다

리리(莉莉)와 샤오타오(小陶)는 대학 친구였다. 졸업한 후에는 취직할 때까지 월세 아파트를 얻어 함께 살기로 했다. 그런데 졸업이 다가올 무렵 샤오타오에게 남자 친구가 생기는 바람에 두 사람이 아니라 세 사람이 같이 살게 되었다.

리리는 그 남자가 믿을 수 없는 사람이란 걸 금세 깨달았다. 그는 먹고 놀기를 좋아하고, 매일 방에서 게임만 하고, 심지어 폭력 성향도 다분했다! 게임할 때는 입에서 욕이 떠나지 않았다. 키보드를 부술 듯 내리치거나 마우스를 던졌고, 샤오타오가 아끼는 컵을 내던져 깨버린 적도 있었다.

리리가 샤오타오에게 그 남자를 조심하라고 했지만 샤오타오는 그저 웃기만 했다. 개의치 않는다는 뜻이었다. 그러다 3개월 뒤 리리가 새 아파트를 얻어 이사를 갔다. 그런데 얼마 후 샤오타오가 전화를 걸어와 남자와 헤어졌다며 예전처럼 같이 살자고 했다. 하지만 리리는 그럴 수 없다고 거절했다.

친구끼리 가치관이 다르면 서로 등을 지지는 않겠지만 살아가면서 갖가지 문제로 충돌하게 된다. 그런 친구는 마치 발밑에 묻힌 지뢰처럼 언제든 폭발할 수 있으므로 가급적 멀리 떨어지는 게 상책이다.

사생활이 문란하거나 정서가 건전하지 못한 사람에게는 골치 아픈 일이 많이 생긴다. 생각의 출발점이 불순하기 때문에 결말도 항상 추잡할 뿐이다. 이런 사람들이 아예 친구가 될 수 없는 것은 아니지만 가까이 지낼지는 신중히 생각해볼 필요가 있다.

자칫 잘못하면 괜한 불똥이 튀어 피해를 볼 수 있다. 사랑이든 우정이든 미움으로 비화하는 일이 주위에 비일비재하다. 따라서 화를 자초하지 않으려면 이런 친구는 가급적 가까이하지 않는 게 현명하다.

# 쓰레기차 같은 사람들이 거리에 넘친다

내 친구 링링(玲玲)에게 일어난 일이다. 링링의 가족과 남편의 친구네 가족이 함께 여행을 떠났다. 남편 친구는 경찰관이었다. 첫날, 호텔에서 식사하면서 만두를 시켰는데 종업원이 음식을 잘못 가져왔다. 그들이 시킨 만두를 다른 테이블로 가져간 것이다.

그 테이블의 손님들은 만두 두 개를 먹고 나서야 자기들이 주문한 만두와 맛이 다르다는 걸 깨달았다. 그런데 직원이 그 만두를 링링이 앉은 테이블로 그대로 가져왔다는 걸 알게 되었다. 링링은 남들이 이미 먹다 남긴 음식이라며 바꿔달라고 요구했지만 종업원은 이를 거부했고, 결국 언쟁이 벌어졌다.

그러자 남편의 친구가 나서서 좋은 말로 중재했고, 심지어 음식값까지 순순히 지불했다. 이에 링링은 경찰이면서 뭐가 그렇게 무섭냐며 그에게 불만을 터뜨렸다.

남편 친구는 경찰생활을 오래하면서 보니 어떤 사건이든 작은 일에서 시작되더라며 한 발씩만 양보해 언쟁을 피하는 게 좋다고 말했다. 그럼에도 링링은 코웃음을 쳤다. 겨우 만두 몇 개 때문에 살인이라도 벌어진단 말인가?

그런데 며칠 뒤 훠궈(火鍋, 중국식 샤부샤부) 식당에서 일하는 아르바이트생이 까다롭게 구는 여자 고객의 머리에 뜨거운 국물을 끼얹은 사건이 일어났다는 뉴스를 보았다. 링링은 깜짝 놀랐다. 그러면서 남편 친구의 말이 일리가 있다는 걸 깨달았다.

어떤 일이 생겼을 때는 냉정을 유지하고 가급적 타인과 말다툼을 자제해야 한다. 혹시라도 남들에게 마구 '쓰레기를 뿌리는 사람'을 만나게 되면, 또는 상대가 화를 풀지 않은 채 싸움을 걸어온다면 심각한 결과가 초래될 수도 있다.

미국의 긍정심리학자 데이비드 폴레이(David Pollay)는 베스트셀러 《3초간(the law of the garbage truck)》이라는 책에서 '쓰레기 트럭의 법칙'을 제시했다.

"많은 사람은 쓰레기차를 닮았다. 그들은 쓰레기를 가득 담은 채 사방을 돌아다닌다. 그들 감정에는 고뇌, 분노, 실망이 가득하다. 쓰레기가 많아질수록 그들은 이를 쏟아낼 곳을 찾아 헤맨다. 만약 당신이 그들에게 기회를 주면, 그들은 쓰레기를 당신 몸에 남김없이 쏟아 부을 것이다. 따라서 누군가 이렇게 하려고 덤비면 절대로 받아줘서는 안 된다. 그저 그들에게 미소를 지으면서, 손을 흔들면서, 축복을 빌어주면서 계속 갈 길을 가면 된다. 내 말을 믿어라. 이렇게 하면 삶이 더 즐거워질 것이다."

이렇게 남에게 '쓰레기를 뿌리는 사람'은 누구나 만날 수 있다. 따라서 이 법칙을 이해하고 실제 생활에 적용한다면 비극을 피할 수 있을 것이다.

만취한 20대 여성이 늦은 밤에 택시를 탔다. 그런데 운전기사가 길을 돌아간다고 의심해서 말싸움이 벌어졌다. 운전기사는 억울하기도 하고, 술에 취한 상태에서 온갖 험한 소리를 하면서 시비를 거는 여성에게 화가 나기도 했다. 운전기사는 그 여성이 주먹으로 머리를 치고 온갖 욕설을 퍼부으며 난동을 부리자 더 참지 못하고 어느 빌딩 지하실로 끌고 들어가 잔인하게 죽였다.

이런 일이 남의 이야기라고 생각하지 마라. 길을 가다가 괜한 시비가 붙었다가 느닷없이 흉기를 휘두른 사람에게 죽임을 당하는 경우도 있고, 지하철을 기다리는데 줄에 끼어들었다고 다짜고짜 주먹을 휘두르는 사람도 있다.

쓰레기를 가득 담은 채 어디에 화풀이를 할지 눈을 부라리며 돌아다니는 인간들의 먹잇감이 되지 않으려면 어떻게 해야 할까? 오늘을 사는 사람들은 오래전에 살았던 사람들이 전혀 생각하지 않았던 물음표 하나를 가슴에 안고 힘겹게 살아간다.

## 마음속 쓰레기가 진짜 문제다

살다보면 '쓰레기를 뿌리는 사람'뿐만 아니라 쓰레기 자체인 것들도 매우 많고 또 다양하다. 가령 오해, 억울함, 편견, 차별 대우 등이 그런 쓰레기에 속하는데, 이를 담담하게 처리해서 아무 탈 없이 지나가는 방법을 배워야 진짜 행복한 인생으로 들어간다.

그렇지 않을 경우, 쓰레기는 점점 더 심한 악취를 풍기며 우리를 괴롭힐 것이다. 오해는 불신으로, 억울함은 분노로, 편견은 증오로, 차별대우는 울화통으로 발전해서 자신도 모르게 공격적인 사람이 된다.

살면서 모든 사람과 모든 일을 가슴에 담아두고 평생 그들과 씨름하며 지낼 필요는 없다. 그런 지저분한 인간이나 일과 죽기 살기로 싸워봤자 그 대가는 참담한 실패뿐이고, 설령 이긴다 해도 평생 쓰레기 감정 안에 갇혀 발을 빼기가 어려울 것이다.

중동 지방에 전해지는 우화가 있다. 사막을 걷던 낙타가 유리판을 밟았다. 화가 난 낙타는 발을 쳐들어 그 유리판을 무자비하게 밟아버렸다. 그 결과 낙타는 날카로운 유리에 발을 찔려 엄청나게 많은 피를 흘렸다.

마침 공중을 맴돌던 독수리가 짙은 피 냄새를 맡고 계속 낙타를 쫓아왔다. 낙타는 두려움에 떨며 미친 듯이 도망치기 시작했다. 가까스로 사막 가장자리까지 왔지만 이번에는 늑대 무리가 나타났다.

낙타는 또다시 황급히 도망쳤지만, 길을 잘못 든 탓에 이번엔 식인 불개미 무리 속으로 들어가고 말았다. 결국 낙타는 시커먼 불개미 떼에 포위되어 잡아먹히고 말았다. 눈을 감기 전 낙타는 왜 그 작은 유리판 하나와 죽기 살기로 싸웠을까 후회했지만 때는 이미 늦고 말았다.


앞에서 말한 '쓰레기를 뿌리는 사람'이나 '쓰레기'와 얽히는 사람들은 우화 속의 어리석은 낙타와 같다. 그들은 부정적 감정에 눈이 멀어 더 먼 앞날을 내다보지 못한다.

다양한 인간으로 가득한 이 세상에는 별의별 사람과 일들이 넘쳐난다. 우리는 그들을 우리 마음에 맞게 바꿀 수 없다. 하지만 우리 자신의 마음과 생각은 손쉽게 바꿀 수 있다.

단순하고 질서정연한 삶을 사는 사람들은 자신을 갉아먹는 것들과 단호하게 인연을 끊을 수 있다. 그들은 각종 쓰레기에서 멀리 떨어져 자기 삶에 생길 수 있는 잠재적 우환을 차단해 버린다.

데이비드 폴레이는 이렇게 말했다.

"우리는 살아가면서 10퍼센트만 직접 하고, 나머지 90퍼센트는 남들이 하는 걸 지켜본다."

남들의 말과 행동을 바라보면서 그것들에 휘둘리며 살아간다는 뜻이다. 우리 에너지는 유한하다. 그러니 모든 사람의 일에 일일이 간섭할 필요가 없다. 쓸데없이 참견할 필요도 없고, 나의 소중한 시간과 에너지를 낭비할 이유도 없다. 그런 사람들 때문에 분노하면서 자기감정을 소모하는 것은 너무나 어리석은 일이다.

나에게 주어진 인생은 결코 길지 않다. 그만큼 내 시간은 소중하다. 이렇게 유한한 시간은 올바른 사람과 일에 사용하고, 더 좋은 사람과 일을 만나는 데 투자해야 한다. 이건 논쟁할 여지가 없는 삶의 큰 지혜다.

# 19

## 시야를 넓히면
## 삶의 수준이 높아진다

### 세상은 내가 바라보는 대로 보인다

내가 아는 어느 작가에게 친구가 두 명 있었다. 젊은 시절에 항해사 생활을 한 그들은 함께 기선을 타고 전 세계를 돌았다고 한다. 그 시절, 외국에 나가 일하면 돈을 많이 벌 수 있었지만 그만큼 큰 위험도 감수해야 했다.

몇 년 후, 두 친구는 지친 몸을 이끌고 귀국했다. 그런데 똑같이 외국을 체험하고 돌아온 그들의 느낌이 사뭇 달랐다. 한 사람은 이렇게 말했다.

"외국은 정말 친절하고 따뜻한 사람들이 넘치는 곳이었어. 언젠가 암스테르담에서 고향에 국제전화를 걸고 싶었는데 마침 동전이 없었어. 외국어도 할 줄 몰라 한참을 우왕좌왕하는데, 젊은 연인이 다가와 내게 두 손에 가득 찰 만큼 많은 동전을 주었어. 그밖에도 외국 생활을 하는 동안 수많은 멋진 경험을 했어. 외국은 정말 아름다운 것들로 넘쳐났어."

하지만 다른 한 사람은 반대 의견을 내놓았다. 그는 외국 생활이 너무 위험했고, 어디를 가나 악당들로 넘쳐났다고 했다. 치를 떨 정도로 사악한 인간들이 많아 조금만 방심해도 사기를 당하는 등 피해를 보았다고 했다. 두 사람이 여행한 경로가 완전히 같았는데, 어떻게 이런 결과가 나왔을까?

나는 살아오면서 이런 일을 자주 경험했다. 처한 상황이나 경력이 비슷한 사람들이 세상을 바라보는 눈은 하늘과 땅만큼 다른 경우 말이다. 베이징에서 사는 동안 나처럼 외지에서 온 친구를 많이 만났는데, 청춘과 열정으로 가득한 이 도시를 대하는 그들의 태도는 많이 달랐다.

어떤 친구는 물가도 비싸고 살기 힘들다고 했다. 냉대와 차가운 시선도 수없이 받았다고 했다. 시골 출신이 세상을 건너가기에는 거대한 장벽이 가로놓여 있어 너무 힘들다고 하는 친구도 있었다. 반면에 어떤 친구는 지금까지 많은 어려움을 겪었지만 베이징은 그럼에도 기회가 넘치는 곳으로 누구든 기회를 잡아 성공할 수 있는 곳이라고 했다.

이들과 조금 더 속 깊은 대화를 나눠보면 그들이 겪은 일은 대부분 비슷했다. 예를 들어 새벽에 집주인에게 쫓겨나 트렁크 하나만 달랑 들고 거리를 헤맸다거나 악덕 경영자를 만나 월급을 제대로 못 받고 고생한 경험 같은 것들 말이다.

다만 머릿속에 저장해둔 기억이 다르기에, 그것을 다시 꺼냈을 때 서로 다른 이야기를 하는 것이었다. 크게 사기를 당해서 지금까지 고생한다고 이를 갈며 세상을 원망하는 사람이 있는가 하면, 슬럼프나 위기에 빠질 때마다 마음 따뜻한 사람들의 도움을 받아 기사회생했다고 말하는 사람도 있었다.

우리가 살아가는 세상은 결코 완벽할 수 없다. 그러나 한 가지만은 분명하다. 세상은 내가 바라보는 대로 보인다. 세상은 내가 대하는 만큼 나에게 되돌려준다. 내가 형편없는 생각을 하면서 세상을 지나간다면, 이 세계는 결코 아름다울 수 없다.


## 어떤 마음으로 세상을 보는가?

어느 여성 사업가의 부탁을 받고 자서전을 써준 적이 있다. 그녀는 그리 순탄하지 않은 인생을 살면서 참으로 많은 일을 겪었다고 한다. 그녀는 비교적 유복한 집안에서 자랐지만 어릴 적부터 병치레가 잦았다.

일찍 결혼했지만 얼마 안 되어 갈라섰고, 그 뒤 사업가의 길로 들어섰지만 여러 차례 사기를 당하거나 음해에 시달리는 등 고생을 심하게 했다고 한다. 그녀는 이렇게 말했다.

"돌아보면 고생도 많이 했지만, 그런 가운데 크고 작은 기쁨도 많았지요. 결국 살아가면서 항상 좋은 일만 있는 사람은 아무도 없다는 걸 깨닫게 되었어요."

연말이 되면 대기업들의 매출 순위를 발표할 때마다 항상 거론될 만큼 누구나 아는 회사를 이끌고 있는 여성의 회고라고 하기에는 너무도 소소한 깨달음이어서 의외였지만, 따지고 보면 가장 현명한 깨달음이기도 했다.

그렇다. 항상 좋은 일만 있는 사람은 없다. 중요한 것은, 우리가 인생의 고비마다 그 상황을 어떻게 바라보고, 어떻게 대처하느냐다. 비뚤어진 심사로 처지를 비관하면서 피해자 코스프레를 한다면, 또는 나는 항상 불공정한 대우를 받고 나만 손해를 본다고 생각한다면 삶은 결코 나아지지 않을 것이다.

정신분석의 대가 지그문트 프로이트는 '투사(投射, projection)'라는 개념을 제시했다. 투사는 일종의 인지장애로 자기 태도, 동기, 생각, 욕구 등을 다른 사람에게 비추는 것을 말한다. 이를 조금 더 알기 쉽게 말해주는 에피소드가 있다.

당송 8대가의 한 사람인 소동파(蘇東坡)가 스승인 동시에

벗이기도 한 불인선사(佛印禪師)와 항저우에 있는 서호에 배를 띄우고 한담을 주고받았다. 소동파가 맞은편에 앉은 불인선사를 보며 농담을 던졌다.

"저에게는 스님이 한 무더기 개똥처럼 보입니다."

불인선사는 화를 내기는커녕 미소를 지으면서 대답했다.

"소승에게 공은 번쩍이는 금부처처럼 보입니다."

소동파는 껄껄 웃었다. 속으로 자기가 이겼다고 생각한 그는 집에 돌아와 여동생 소소매(蘇小妹)에게 자랑했다. 소소매 또한 시문에 능하고 학문적 소양이 뛰어난 여인으로 유명했다. 오빠 말을 들은 소소매가 어이가 없다는 듯이 말했다.

"오라버니가 졌어요. 불가에서 말하기를 '부처는 내 마음속에 스스로 나타난다'고 하잖아요. 우리가 바라보는 상대방 모습이 사실은 자기 모습이란 뜻이지요."

쉽게 말해서 내가 개똥이기 때문에 상대방이 개똥으로 보이고, 내가 금부처이기 때문에 상대방도 금부처로 여겨진다는 뜻이다.


당신은 어떤 마음으로 세상을 보는가? 원망과 비탄의 마음으로 보는가, 아니면 희망과 기쁨의 눈으로 보는가? 소동파의 우화는 바로 이런 물음을 우리에게 던진다.

부처는 제자들에게 설법할 때, 우리 자신과 인생이 얼마나

서로 얽혀 있고 고난이 끊이지 않는지 직접 보라고 말했다.

복잡한 삶 속에서 평온한 마음으로 세상을 대할 수 있다면, 또한 나쁜 것을 담담히 받아들이고 좋은 것을 감사하게 여길 수 있다면, 우리는 이 세상을 더 넓고 완전하게 인식할 수 있다고 부처는 말했다. 불가에서는 이처럼 큰 시각을 '지혜'라 하며, 이러한 지혜를 가져야만 더욱 단순하고 즐거운 삶을 영위할 수 있다고 말한다.

정말로 지혜로운 사람은 환상을 만들어 자기 자신을 속이지 않는다. 타조처럼 머리를 모랫더미 속에 파묻으며 현실을 도피하지도 않고, 세상이 왜 이렇게 불공평하냐며 원망을 퍼붓지도 않는다.

그들은 쓸데없이 한눈팔지 않고 복잡함과 어두움은 한쪽 곁에 제쳐둔 채 빛이 있는 곳을 향해 걷는다. 계속 전진하고 성장하다보면 마침내 그 어떤 꼼수나 공격, 좌절도 이겨낼 정도로 강해져 있다.

진짜 행복하려면, 세상은 원래 불완전하다는 사실을 받아들일 수 있어야 한다. 따뜻한 햇볕을 온몸에 받으면서 그 태양 아래 그림자가 없기를 바랄 수 있을까? 복잡한 세상을 최대한 단순하게 살려면 마음속에 쓰레기가 없어야 한다. 그러면 모든 건 저절로 편안해진다.

# 20

# 품위 있는 삶은
# 어디서 시작되는가

## '대충대충'과 '그럭저럭'이 불러온 결과들

오래전 친구 몇 명과 함께 베이징 시내의 복층주택에 세 들어 살았다. 나는 2층 다락방에 살았는데 겨울엔 춥고 여름엔 더웠으며 공간도 비좁았다. 하지만 집값이 워낙 싸니 어쩔 수 없는 선택이었다.

그래도 큰 문제가 남아 있었다. 입주 조건은 그럭저럭 괜찮았지만 하우스 메이트들의 생활습관은 정말로 견디기 힘들었다. 어떤 친구는 너무 신경이 무뎌서 양말을 세면기에 아무렇게나 던져놓거나 심지어 내 칫솔로 양치질하는 친구도 있었다.

화가 나 견딜 수 없었던 나는 밤마다 방에 틀어박혀 핸드폰으로 울분을 토해냈다. 인터넷 토론방에 행실이 불량한 친구의 죄목을 열거하는 장황한 글을 올렸다. 그러면 그 글은 엄청난 공감을 일으켜 많은 사람이 댓글로 그 친구를 성토했다.

그러다 문득 하루 종일 핸드폰에 화를 풀어내는 게 문제 해결에 전혀 도움이 되지 않는다는 생각이 들었다. 실질적으로 상황을 개선하려면 어떻게 해야 할까?

그 무렵 베이징 부동산 시장에서는 1인 가구를 위한 소형 아파트 모델을 많이 출시했다. 평수는 작지만 위치가 좋고 인테리어도 훌륭하며 갖출 것은 다 갖춰서 마음에 쏙 들었다. 나는 대출을 받아서라도 그 집을 사기로 결심했다. 하지만 내 얘기를 들은 한 친구가 깜짝 놀랐다.

"지금 집을 산다고? 미쳤어? 부동산 가격은 지금 완전히 거품이라 곧 폭락할 거야. 그러니 지금 사면 미친 짓이야!"

"하지만 지금처럼 살다가는 미쳐버릴 거야."

"대충 견뎌봐. 젊어 고생은 사서도 한다는데 미래를 내다봐야지."

이 말을 듣고 한순간 고민에 휩싸였다. 친구 말대로 대충대충 살다가 나중에 기회가 오면 살까? 며칠 고민한 끝에 답을 찾았다.

"투자가 아닌 실제 거주 목적이니 나쁠 게 없다. 또 내 능력 범위 안에서 좀더 나은 환경에서 살고 싶다. 입지 조건도 좋아서 출퇴근 시간이 절반으로 줄어든다. 모델도 좋고 커다란 창문이 있어 채광도 좋다. 나중에 집값이 떨어지더라도 그 차액으로 내 삶의 질을 올렸다고 생각하면 된다."

나는 눈을 질끈 감고 그 집을 샀다. 시간이 흐르자 집값은 오히려 올랐다. 몇 년 후 얼마간 목돈도 손에 쥘 수 있어 그 집을 팔고 좀더 큰 집으로 옮겼다. 이렇게 아주 우연히 별 힘 안 들이고 나만의 작은 보금자리를 마련할 수 있었다.


그때 내게 충고를 아끼지 않았던 친구는 아직도 자기 집이 없다. 나중에 아들이 태어나자 아이를 돌봐주려고 부모님도 오셔서 지금은 일가족이 그 작은 집에서 함께 살고 있다.

요즘엔 전세값도 꾸준히 올라 이제 집 없는 서민은 더 살기 어려워졌다. 나는 다시 한번 느낀다. 그때 '대충대충'이나 '그럭저럭' 같은 생각을 하고 그대로 현실에 눌러앉았다면 어떻게 되었을까?

그렇게 산다는 건 자신을 소중히 여기지 않으며 자신에게 무신경하고 관심이 없다는 뜻 아닐까? 자기 삶에도 이렇게 무신경하고 하루하루 대충 살아가는데 어떻게 일과 삶에서 더 나은 결과를 기대할 수 있을까?

## 사람들의 품위가 고양이보다 못할 때가 있다

나는 고양이를 한 마리 길렀었다. 고양이를 사랑하는 사람은 잘 알겠지만 이 녀석은 정말 까다롭다. 고양이 사전에 '대충대충'이란 단어는 없다. 한 브랜드의 사료에 꽂히면 무조건 그 브랜드 것만 먹는다. 미국 작가 조 가든(Joe Garden)의 《고양이를 위한 변명(The Devious Book for Cats)》이란 책에 이런 내용이 나온다.

"우리가 너무 까다로운 거 아닐까? 그렇진 않아. 우리는 뭘 좋아하는지, 뭘 싫어하는지 분명히 알거든. 마음에 안 드는 싸구려 제품 따윈 취급 안 한다고."

고양이에게는 그들 나름의 품위가 있다. 인터넷에서 매우 인기 있는 카테고리 가운데 하나가 고양이인 것은 세계적으로 공통적이다. 왜 그럴까? 고양이 성향이 사람들이 추구하는 수준 높은 삶의 정의에 딱 들어맞기 때문이다.

사람들의 품위가 고양이보다 못할 때도 있다. 어머니가 스마트 스탠드를 고르느라 꼬치꼬치 따지는 나더러 한마디 하셨다.

"어지간히 좀 해라. 아무리 편리한 물건도 불편한 구석이 있는 법이야. 뭘 그렇게 꼬치꼬치 따지고 그러니?"

그 말을 듣는 순간, 어머니가 평소에도 값이 싸고 질이 별로

인 물건을 주로 사용하는 습관이 떠올랐다. '대충대충, 그럭저럭'이 국가대표 수준인 어머니 취향은 절대 사절이다.

나는 스마트 센서 등을 여러 개 사서 우리 집으로 통하는 계단 벽에 설치했다. 그랬더니 밤에 계단을 오르내릴 때 특히 편리했다. 지금까지 그 어떤 불편함도 느낀 적이 없다.

오히려 그럭저럭 살아가는 삶에는 불편함이 많이 찾아온다. 대충대충에 익숙해지고, 대충대충 사는 시간이 길어질수록 불편하고 귀찮은 일이 끊이지 않는다.

소개팅을 권유받을 때가 특히 그렇다. 분명히 첫눈에 끌림이 전혀 없는데도 주위 사람들은 네 나이가 몇이냐며 '눈 좀 낮춰라', '현실감을 가져라' 등 간섭과 잔소리가 이만저만이 아니다.

그렇게 대충 맞춰 결혼하면 두 사람이 잘 맞지 않는다는 사실이 대번에 드러난다. 그렇게 되면 결국 대충 맞춰가며 한평생 살아가든지, 아니면 이혼하든지 둘 중 하나를 선택할 수밖에 없다.

취직할 때도 그렇다. 어떤 일이 적성과 흥미에 안 맞고 급여도 별로인데 단지 집에서 가깝다는 이유로 취업을 결정한다. 그러고는 대충 참고 버티면서 일한다. 버티지 않고 냅다 이직

하면 훨씬 더 귀찮고 힘드니 꾸역꾸역 살아가는 것이다.

집을 살 때도 그렇다. 입지 조건이 별로이고 주변 환경도 마음에 들지 않는데도 '마음에 드는 집은 너무 비싸니 대충 눈높이를 낮추자'며 덜컥 집을 산다. 그런데 웬걸, 입주하고 보니 집 자체도 하자가 너무 많고 교통도 보통 불편한 게 아니다. 하지만 집을 팔고 새 집으로 이사하는 건 훨씬 힘들기에 대충 참고 살아간다.

이런 게 바로 대충대충 인생이다. 문제는 오늘 어떤 일을 대충대충 하게 되면, 내일은 또 다른 일을 대충대충 하게 된다는 점이다. 그럼 평생 매사에 대충대충 하며 살게 된다. 인생은 결코 길지 않다. 하루하루 제대로 열심히 살아도 부족할 판에 대충대충 살아가는 것은 정말 안 될 말이다.


## 나를 둘러싼 모든 것이 나를 만든다

단순하면서도 고효율의 삶을 살고 싶다면 '대충대충'이란 말은 반드시 사전에서 제거해야 한다. 꼼꼼히 따져야 할 건 반드시 꼼꼼히 따져야 하고, 바꿔야 할 건 반드시 바꿔야 한다.

대충대충 하면서 살아가는 사람이 너무 많다. 그들이 현재 상황을 바꾸고 싶어 하지 않는 이유는 무엇일까? 노력해도 소용없을까봐 두려운 것일까? 돈이 아까운 것일까? 실패가 두려운 것일까?

하지만 분명히 알아야 할 것이 있다. 우리가 노력을 하든 안 하든 시간은 흐른다는 사실이다. 대충대충 살면서 일상의 불편함을 견디는 사람들은 앞으로 평생 이런 불편한 삶에서 벗어나지 못할 것이다. '대충대충'이라는 인생관을 떨쳐버리지 못하면 그 사람의 형편은 결코 나아지지 않는다.

세계적인 컴퓨터 제조 및 판매회사 휴렛팩커드(HP) 최초의 여성 CEO 칼리 피오리나(Carly Fiorina)는 이렇게 말했다.

"나는 매사에 일류를 추구했다. 비행기는 비즈니스 클래스만 탔고, 호텔은 최고급만 선택했다. 내 회사는 그 지역에서 가장 우수한 빌딩이어야 한다. 그건 부를 과시하고 향락을 추구하기 위해서가 아니다. 최고를 지향하는 내 가치관에 어울린다고 생각하는 곳은 그 지역뿐이기 때문이다."

나를 둘러싼 모든 것이 나를 만든다. 내가 먹는 음식이 몸에 좋은지 그렇지 않은지가 내 건강 수준을 결정하듯이, 내가 입는 옷이 어떤 품질인지가 내가 사람들 앞에 보여주고 싶은 이미지에 큰 영향을 미치듯이, 내가 선택한 배우자나 친구들이 내 품격을 보여주듯이.

훌륭한 인생이란 대충대충이란 말이 없는 삶이다. 인생에

서 한 번 대충대충 살기 시작하면 그 후로도 계속 대충대충
삶을 꾸려가게 된다. 내 기준이 낮아지고 포부도 사라져 당연
히 더는 노력을 기울이지 않게 된다. 그에 따른 결과물은 보
나마나다.

# PART 5

# 삶의 고통을
# 적극적으로 되받아쳐라

# 21

# 왕따는 결국
# 스스로 해결해야 한다

## 실수투성이 직원의 세상 사는 법

예전에 친구가 경영하는 출판사에서 시리즈물 도서 기획에 참여한 적이 있다. 어느 날, 한 여직원이 처한 난처한 상황이 내 시선을 사로잡았다. 업무 보조를 맡은 그녀는 업무 성격상 회사의 모든 직원과 제때 소통해야 했다.

그런데 유심히 지켜보니 하루도 실수를 안 하는 날이 없었다. 직원이 보낸 문서를 깜빡하고 열어보지 않거나 이메일을 제때 처리하지 않았고, 명세서나 발주서를 잘못 작성하기도 했다.

업무 자체가 다른 모든 직원과 연결되어 있다보니 실수할 때마다 그들에게 피해를 주었다. 가령 명세서를 잘못 작성하거나 액수가 틀리면 발주 담당자는 일일이 장부를 대조해야 한다. 심지어 1개월 동안 모든 장부를 다시 대조해야 할 때도 있었다.

발주서를 잘못 기입하거나 고객에게 엉뚱한 제품이 배송된 경우에는 한바탕 난리가 났다. 고객에게서 항의가 들어오면 먼저 배송 담당자를 찾아가고, 배송 담당자는 다시 창고 관리자를 찾아가고, 창고 관리자는 다시 그녀를 찾아온다. 이렇게 한 바퀴 돌고 나면 결국 그녀 실수라는 게 밝혀진다.

이런 식으로 타인의 업무 부담을 늘리고 팀 전체의 업무 진도를 떨어뜨리는 여직원에 대해 사장을 찾아가 불만을 제기하는 사람이 늘었지만 웬일인지 사장은 그녀를 감싸고돌았다. 가령 그녀가 문서를 깜빡하고 제때 확인하지 않았다면, 사장은 기왕 이렇게 됐으니 앞으로는 담당자가 문서를 재확인한 후 보내라고 말했다.

사장의 이런 태도에 직원들은 부당하다는 생각이 컸지만 속으로 삭일 뿐이었다. 그러면서 그녀와 아무도 말을 섞으려 하지 않았기에 그녀는 점점 회사에서 왕따이자 공공의 적이 되어버렸다. 식사 때는 물론 회식 때도 부르지 않았고, 그녀와 소통할 기회가 생기면 직접 대면하지 않고 사내 메일이나 메모지를 이용했다.

나는 그 회사 정직원도 아니고 사장과도 가까운 사람이기 때문에 옆에서 가만히 지켜볼 뿐이었다. 그런 가운데 회사 분위기가 얼마나 급속히 냉랭해지는지를 안타깝게 지켜볼 뿐이었다.

그녀가 직원들의 왕따에 대처하는 방식은 참으로 독특했다. 그녀는 철저히 혼자 놀았다. 그러면서 아무튼 무척 바쁜 척하며 동분서주했다. 그러다 퇴근시간이 되면 즉시 가방을 챙겨 당당하게 사무실을 나섰다.


나는 도저히 안 되겠다 싶어 사장에게, 그러니까 내 친구에게 그녀에 대해 물어보았다. 그 직원이 아무래도 사회적 관계나 활동에 부족한 면이 많고, 업무 능력도 떨어지는 것 같은데 왜 이렇게 끼고 도냐고 물었다. 친구는 이렇게 대답했다.

"업무 보조라는 직책이 하는 일이 워낙 잡다해서 예전 직원도 업무에 익숙해지기까지 7년이나 걸렸어. 이제 그녀도 경력이 3년째인데, 앞으로 얼마간만 더 인내하면 훌륭한 인재가 되리라고 봐. 만약 그녀를 내보내고 새로운 직원을 뽑으면 다시 교육하고 적응하게 해야 하는데, 차라리 지금의 직원을 쓰는 게 낫지 않겠어?"

# 자기 자신을 안다는 것은 언제나 힘든 문제

한 구직사이트의 조사에 따르면 직장인 중 50퍼센트 가까운 사람이 왕따에 시달리고, 그중 20퍼센트는 참지 못하고 직장을 그만둔다고 한다. 직장 내 따돌림은 정신적 폭력으로, 높은 이직률의 대표적 이유다.

직장 내 따돌림은 냉대, 교류 단절, 업무 비협조 등 다양한 형태로 나타난다. 이런 행위는 상대에게 심각한 정신적 스트레스와 우울감을 주지만 제3자 눈에는 잘 띄지 않는다는 문제가 있다.

따돌림은 대부분 매우 은밀한 형태로 이뤄지지만 파괴력은 대단히 강하다. 조사에 따르면, 고소득·고학력 화이트칼라가 많은 회사일수록 따돌림 현상이 빈번하게 나타난다고 한다. 이런 타입의 사람들일수록 정신적 일체감을 더 중요시하기 때문이다.

직장에서 겪는 어려움은 형태가 너무나 다양한 만큼 대처법도 한두 가지가 아니다. 심리학자들은 따돌림을 받는 경우 적극적으로 대응해야만 사태를 조속히 해결할 수 있다고 말한다. 이는 피해자가 어떻게든 해결법을 찾아야지 가해자들이 개과천선해서 피해자에게 화해의 손길을 내밀어주길 기대해서는 안 된다는 얘기다.

전문가들 말에 따르면, 따돌림의 원인은 무조건 상대방에게 있는 게 아니고 본인이 원인 제공자일 수도 있다고 한다. 그렇지만 대부분 자신이 무엇을 잘못했는지 납득하기가 어렵다. 자기 자신을 아는 것은 언제나 힘든 문제이기 때문이다. 그렇더라도 이유 없는 따돌림이란 없으니 피해자가 무조건 피하지 말고 적극적으로 원인을 찾으려고 노력해야 맞춤형 해결책을 마련할 수 있다.

## 손자병법에도 나와 있는 직장인 생존법

앞에서 말한 그 여직원의 경우, 따돌림에서 벗어나고 싶다면 인간관계 개선을 서두를 게 아니라 자기 업무 능력부터 키우는 것이 가장 시급한 과제라고 생각한다. 사장님의 배려를 방패삼아 '너희는 떠들어라. 나는 내 갈 길 간다!'는 식으로 일관한다면 왕따 신세를 면하기는 어려울 것이다.

무슨 분야든 업무 능력만 뛰어나면 갈등이 현격히 줄어든다는 걸 우리는 경험으로 잘 알고 있다. 내가 강해져야만 주위 사람들이 함부로 대하지 않는다. 열심히 운동해서 건강을 되찾아야 면역력도 높아지는 것과 마찬가지다.

업무 능력이 뛰어난데도 여전히 따돌림을 당하는 신세라면, 그때는 다른 방법을 강구해야 한다. 젓가락 하나를 부러뜨리기는 쉬워도 젓가락 한 묶음을 부러뜨리기는 어렵다고 말한 선조들의 지혜를 새겨들을 필요가 있다.

그들이 지금 팀을 짜서 공격해온다면 어떻게든 각개격파에 나서야 한다. 상대적으로 깨뜨리기 쉬운 사람부터 공략하라. 그런 동료를 찾아내 관계 개선을 시도하고 내 편으로 만들면 된다.

집단 따돌림을 당할 때 끽 소리 못하고 도망치는 것은 마치 모래더미에 머리를 숨기는 타조처럼 문제를 비겁하게 회피하는 일일 뿐이다. 그런 식의 회피는 결코 좋은 방책이 아니다. 남을 원망할 필요도 없다. 여기서 피하면 다음에 또 이런 일이 일어날 수 있다.

내가 해야 할 일은 내 경쟁력을 높이려고 노력하는 것이다. 사지에서 탈출하려면 내 무기를 업그레이드하고, 전투력 게이지를 높여야 한다. 그리고 나서 적군의 허약한 고리부터 공략해야 한다. 그러면 마침내 적의 포위를 뚫고 살아남을 수 있다. 이런 원칙은 손자병법에도 나와 있다.

# 22

# 내가 정말로 원하는 것을
# 찾으려면

## 왜 친구들에게 시샘 대상이 되었을까?

내 친구 샤오샤(小夏)는 10년이나 다닌 직장을 그만두고 MBA 과정을 밟고 있다. 매일 수업을 듣고 공부하면서 여유 있는 시간을 보내고 있다. SNS에는 오늘 무슨 영화를 봤고, 무슨 맛있는 쿠키를 구웠으며, 초록 잎이 아름다운 식물도 키운다고 자랑스레 사진을 올린다. 가끔 친구들과 식사도 하고 스파를 즐긴다며 매끈한 피부를 자랑하기도 한다.

그런데 어느 순간, 친구들에게서 연락이 뚝 끊겼다는 사실을 깨달았다. 메일을 보냈더니 수신 차단은 되어 있지 않았지만 끝내 답이 없었다.

"내가 도대체 뭘 잘못한 걸까?"

알고 보니 너무 여유롭게 사는 게 문제였다. 샤오샤가 마음
껏 삶을 즐기는 모습에 짜증이 난 친구들이 그녀를 집단적으
로 따돌린 것이다. 유치해 보이기는 하지만, 이런 식의 행동은
어른들의 인간관계에서 자주 목격된다. 나에게 이런 일이 일
어났다면 어떻게 할까?

삶은 누구에게나 힘들다. 아무리 잘나가는 사람도 제3자는
알기 어려운 수많은 고충을 껴안고 살아간다. 샤오샤를 왕따
시킨 친구들 처지에서 보면, 샤오샤는 하루 종일 럭셔리한 생
활을 하는데 자기는 매일 이리 뛰고 저리 뛰며 고생하니 시기
심이 불처럼 일어났을 것이다.

하지만 친구들은 샤오샤가 지난 10여 년 동안 직장생활을
하면서 얼마나 고생했는지는 알지 못한다. 툭하면 출장 다니
느라 눈코 뜰 새 없이 바빴고, 친구들이 집에서 곤히 잠잘 때
도 피곤한 몸을 이끌고 야간비행을 해야 했다.

어느 날 새벽 귀갓길에 도둑을 만난 적도 있다. 샤오샤는 중
요한 문서가 저장된 노트북 컴퓨터를 지키기 위해 도둑을 붙
잡은 손을 놓지 않은 채 몇십 미터나 끌려가다가 온몸이 멍투
성이가 되었다. 이렇게 악전고투하며 10년을 버틴 끝에 겨우

잠시 편하게 쉬며 재충전할 기회를 얻었는데, 친구들에게 시샘 대상이 될 줄은 몰랐다.

## 내 삶에서 가장 바꾸고 싶은 부분이 무엇일까?

끊임없이 주위 사람들과 비교하면서 살면 나를 둘러싼 인간관계는 엉망진창이 될 뿐이다. 그런 사람들의 진짜 문제는 자신을 사랑하기는커녕 현재 자기 상황에 끝없이 불만을 느낀다는 점이다.

자기 자신을 사랑한다면, 밖에서 뭔가를 찾아 내 마음을 채울 필요가 없다. 타인이 이룬 성공을 부정하거나 깎아내릴 필요도 없다. '너는 도대체 왜 나보다 잘살고 나보다 잘나가느냐'고 시샘할 이유가 전혀 없다.

사실 잘살고 싶다는 욕구가 없었다면 인간은 여전히 원시사회에 머물러 있었을지 모른다. 더 나아지고 싶다는 향상심이 인간을 만물의 영장으로 만들었다는 얘기다.

하지만 내가 원하는 것이 정말로 내 삶의 질을 높이는 것인지, 아니면 단지 내 허영심을 충족하기 위한 것인지 구분할 필요가 있다.

허영심은 백해무익할 뿐 잘살고 싶다는 향상심을 충족해주지 못한다. 허영심은 주로 '수평 비교' 형태로 표출되는데, 쉽게 말해서 남들과 비교하면서 나타나는 심리 상태다. 허영심의 결말은 대개 비극으로 종착되는데, 이를 말해주는 잠언이 하나 있다.

"자기 몸에 맞지 않는 욕망에 사로잡히는 것은 치수가 맞지 않는 남의 옷을 빌려 입고 싶어 하는 것과 마찬가지다. 당신에게는 당신만의 노래가 있고, 그 노래를 발견해서 완전히 당신 것으로 만들 때 당신은 행복해질 것이다. 자기 몸과 마음과는 전혀 다른 어떤 사람이 되려고 하지 마라. 그것이 불행의 시작이 된다."

예를 들어 어떤 여성이 두 달 동안 세 끼를 컵라면으로만 때우며 생활비를 아껴 명품 백을 샀다고 하자. 그런 비싼 가방이 굳이 필요 없다는 건 스스로도 잘 안다. 그런 가방을 들었다고 해서 삶의 질이 갑자기 높아지는 것도 아니다.

그럼에도 그녀가 명품 백을 구입한 이유는 단 하나다. 남들은 다 있는데 자기만 없는 상황을 견디지 못했기 때문이다. 이렇게 수평 비교는 나 자신을 파괴하는 부정적 감정을 촉발하기 쉽다.

'수직 비교' 형태로 나타나는 심리도 있다. 이는 과거의 자기 자신과 비교하는 것이다. 하루하루 또는 매월, 매년 향상되는 자기 모습을 염두에 두면서 더 나아지라고 자신을 격려하고 자극하는 것이다.

남들과 비교하며 헛되이 수많은 밤을 뜬눈으로 보내기보다는 차라리 자신의 솔직한 감정이 무엇인지 글로 적어보는 것도 좋은 방법이다. 자신에게 단도직입적으로 물어보자.

"내 삶에서 가장 바꾸고 싶은 부분이 무엇일까?"

이렇게 스스로 질문하고 솔직하게 답을 써내려가는 과정에서 자신이 정말로 소유하고 싶은 게 무엇인지 찾아낼 수 있다. 내가 정말로 원하는 것이 무엇인지 나보다 더 잘 아는 사람은 없다. 큰 집으로 옮기는 일일 수도 있고, 회사에서 승진하는 일일 수도 있으며, 전문직 기술시험에 합격하는 일일 수도 있다.

근본 원인을 찾아내고, 자기가 정말로 원하는 것을 발견해야만 그때부터 온갖 역경에 맞서 최선을 다할 수 있다. 그리고 자기 일과 삶을 개선하기 위해 그야말로 올인할 수 있다.

## 나 자신에게 잘해야 진짜 행복이 시작된다

나는 자주 생각하곤 한다. 인생이 이렇게 고통스럽고 길지도 않은데, 어떻게 해야 나 자신에게 더 잘할 수 있을까? 나는 부드러운 스카프와 편안한 샌들, 안락한 침대 매트리스를 사는 것이 명품 백이나 값비싼 패션 의류를 구입하는 것보다 못하다고 생각하지 않는다.

깊은 맛을 내는 홍차 한잔을 즐기는 여유가 멋진 이브닝드레스를 입고 고급 와인을 마시는 것보다 훨씬 더 자유롭다.

이 세상에는 다양한 형태의 멋지고 훌륭한 인생이 있지만, 우리가 모든 형태의 인생을 전부 섭렵할 수는 없다. 그래도 한 가지 사실만은 확실하다. 정말로 잘살고 싶다면 이 세상의 온갖 화려한 꽃에 눈을 빼앗겨서는 안 된다는 점이다.

인생은 외길이다. 지나간 길은 결코 돌아오지 않는다. 유한한 시간 속에서 어떻게 하면 방해를 제거하고, 내 마음이 진정으로 원하는 것을 찾아낼지가 가장 중요한 과제다. 이 과정에서 우리 모두 무거운 짐을 내려놓고 자신이 원하는 길을 향해 힘차게 달려 나가야 한다.

# 23

# 매번 똑같은 곳에서
# 넘어지지 마라

## 누군가 운명의 수렁 속에서 발버둥친다면

1900년대 초반에 살았던 여성작가 샤오훙(蕭紅)을 좋아한 적
이 있다. 그녀는 재능이 무척 뛰어났지만 삶을 에워싼 운명이
몹시 기구해서 너무도 굴곡진 삶을 살았고, 그래서 사람들의
안타까움을 자아냈다. 나는 너무도 좋아하는 마음에 그녀 삶
을 탐구했는데, 시간이 갈수록 한 가지 생각이 머리에서 떠나
지 않았다.

"뛰어난 두뇌와 재능을 가졌으면 훨씬 더 나은 삶을 살았어
야 할 텐데, 왜 매번 똑같은 곳에서 넘어졌을까? 왜 늘 똑같은
수렁에 빠졌을까?"

샤오훙은 수없이 이렇게 말했다.

"나의 가장 큰 비애와 고통은 여자로 태어났다는 것이다."

"내 인생의 최대 고통과 불행은 모두 내가 여자인 것에 원인이 있다"

"왜 나는 여자로 태어났을까?"

"나는 여자라는 이유로 실패했다."

사실 당사자가 되면, 자신을 둘러싼 전체 상황을 객관적으로 판단하지 못할 때가 많다. 샤오훙은 자신이 여자라는 이유로 온갖 불행을 겪었다고 했지만, 지금을 사는 우리가 제3자의 눈으로 그녀 삶을 들여다보면 그녀가 겪은 불행이 대부분 자신이 자발적으로 선택한 것이었음을 알게 된다.

물론 샤오훙의 성(性)인식을 오늘날 잣대로 평가할 수는 없다. 전쟁, 격동의 시대, 봉건적인 남존여비 사상 등이 자유와 독립을 갈망하는 여성에게 커다란 족쇄가 되었음은 쉽게 짐작할 수 있다.

하지만 아무리 격동의 시대라 해도 힘들게 살았던 여자가 샤오훙 하나만이 아니었다. 삶에 대해 어떤 생각을 하고, 어떤 기회를 잡느냐는 데는 시대적 요소나 환경적 요소보다 자기 선택이 제일 중요하다.

샤오훙은 평생 부초처럼 이리저리 떠돌았다. 그러면서 매번 똑같은 곳에서 어김없이 넘어지거나 망가졌다. 그녀는 이렇게 말했다.

"나는 반평생 사람들의 냉대와 멸시에 시달렸다."

하지만 나는 오히려 샤오훙 자신이 가장 큰 문제였다고 생각한다. 그녀는 독립과 자유에 대한 갈망이 무척 강했지만, 역경에 직면했을 때 냉정하게 판단하는 두뇌와 운명에 대항하는 결기가 부족했다. 늘 충동적이고 너무 피동적이었기에 삶이 어느 정도 제 모습을 갖추었다 싶으면, 또 어느새 미지의 세계로 자신을 밀어 넣곤 했다.

그녀의 이런 선택은 하나같이 패착이었고, 불행하게도 이런 실수를 평생 끊임없이 반복했다. 내가 볼 때 그녀가 불행했던 가장 큰 원인은 추위와 굶주림 또는 갈피를 잡을 수 없는 감정 표출이 아니라 본인의 재능이나 작품보다 훨씬 더 유명해서 오늘날까지도 널리 회자되는 난잡한 사생활이었다.

그녀의 일대기를 다룬 영화나 외국 언론을 보면 마치 포르노를 한 편 보는 듯하다. 그렇게 그녀는 자기 육체를 함부로 탕진하며 잠시 쾌락에 빠졌으면서도 늘 남 탓을 일삼았다.

만약 누군가 운명의 수렁 속에서 힘겹게 발버둥 친다면, 일어날 때마다 다시 고꾸라진다면, 그래서 온몸에 흙탕물을 뒤

집어썼다면, 다음 문제를 진지하게 고민해봐야 한다.

"내 운명은 왜 이렇게 기구할까? 처음부터 그렇게 정해져 있었을까, 아니면 내가 자초했을까?"

내 생각에 샤오훙은 이런 고민을 하지 않았던 것 같다.


## 실수하지 않는 삶은 진짜 인생이 아니다

나쁜 운명, 나쁜 결혼, 나쁜 남자, 나쁜 상사, 나쁜 친구……. 이런 문제들은 때로는 인생에서 가장 훌륭한 스승이 되기도 한다. 살면서 겪는 좋지 않은 관계나 운명은 우리에게 고통을 주지만, 동시에 몸에 좋은 영양분을 듬뿍 제공하기도 한다. 우리가 그걸 흡수할 수 있는지 지켜보면서 말이다.

독일의 정신의학자 군터 프랑크(Gunter Frank)는 이렇게 말했다.

"고통을 겪는 가운데 그 의미를 발견할 수 있다면 그 고통은 감내할 가치가 있는 부담이다."

그러니 좌절과 위기, 역경에 부딪힐 때마다 '이것으로 내가 무엇을 배웠지?'라고 스스로에게 물어보자. 그 과정에서 교훈을 얻을 수 있다면, 우리는 똑같은 전철을 밟지 않게 된다. 이 것이 바로 실패의 늪에서 배우는 진짜 공부다.

그러나 안타깝게도 상처가 아물면 곧바로 고통을 잊어버리는 것이 우리가 가장 흔히 저지르는 실수다. 예를 들어 어떤 여자들은 항상 나쁜 남자만 만난다. 걸핏하면 직장을 옮기는 사람은 매번 똑같은 이유로 실망하고 사직서를 던진다.

만약 우리가 무슨 일에서든 교훈을 얻고 이를 마음 깊이 새길 수만 있다면, 나중에 어떤 고통스러운 일을 겪든 그것을 성장의 자양분으로 바꿀 수 있고 내 단점을 장점으로 승화할 수 있다. 누군가는 이렇게 반문할지 모른다.

"단순한 삶을 살려면 다 내려놓아야 한다고 말하지 않았어? 상처가 다 아물었는데 계속 고통을 기억하면 어떻게 내려놓을 수 있겠어?"

하지만 이는 개념을 혼동한 데서 오는 오해다. '내려놓는 것'과 '이익을 얻은 후 고통을 잊어버리는 것'은 전혀 다른 개념이다. 내려놔야 할 것은 마음속 부담이고, 기억해야 할 것은 실패를 겪고 난 후 얻은 경험과 교훈이다.

이 세상에 손해 보고, 사기당하고, 고생과 모욕을 감내하면서 얻은 교훈보다 더 소중한 게 있을까? 우리가 살면서 겪는 실패와 좌절에서 얻는 가르침은 하버드대학교 졸업장보다 더 가치가 있을 수 있다.

한 번도 실수를 저지르지 않는 사람은 없다. 중요한 것은 자기가 어디서 잘못했고, 잘못의 원인이 무엇이며, 어떻게 다시 시작해야 하는지를 아는 것이다. 실수하지 않는 삶은 진정한 인생이 아니다. 또 교훈을 얻지 못하는 사람도 현명한 인간이 아니다.

# 24

# 내가 간절히 바라는 위로

## 믿었던 친구들의 딴마음

오래전 규모가 작은 잡지사에서 에디터로 일한 적이 있다. 발행인과 디자이너만 남자였고, 나머지 직원 8명은 모두 여자였다. 우리 팀에는 나를 포함해 에디터가 3명 있었는데, 협력도 잘되고 평상시에도 잘 어울려 지내는 편이었다.

퇴근 후에는 같이 지하철을 타고 집에 갔다. 잡지사에서 지하철역까지는 버스로 두 정거장 거리였다. 평소에는 역까지 걸어가며 사장님 뒷담화도 하고, 둘밖에 없는 남자 동료에게 별명을 붙여주기도 하면서 깔깔거렸다.

때때로 카페에 잠시 들르거나 함께 저녁을 먹기도 했다. 나는 퇴근 후 지하철역까지 함께 걷던 그 시간이 무척 즐거웠다. 어떤 일이 있기 전까지는 말이다.

어느 날, 에디터 A가 일이 있다며 월차를 냈다. 그래서 나와 B만 지하철을 타게 되었다. 그런데 지하철역에 도착했을 때 B가 별안간 내게 A가 곧 그만둘 거라고 말했다.

"그렇게 우리 회사에 충성할 것처럼 굴더니 우리 몰래 다른 잡지사의 면접을 봤대요. 이제 사장 면접만 통과하면 회사를 옮길 거래요."

"어떻게 그렇게 자세히 알게 되었어요?"

"우연하게도 그 잡지사 편집장이 나하고 대학 동창이에요. 원래 이 바닥이 좁으니까요."

"A가 가버리면 당장 우리 업무량이 늘어날 텐데 미리 말해 줘야 하는 것 아닌가요?"

"혹시 떨어질 수도 있는데 어떻게 말하겠어요? 완전히 결정이 나면 그때 입을 열겠지요."

하지만 A는 회사를 떠나지 않았다. 나는 회사를 옮기려 한 게 사실인지 묻지 않았다. 그런데 며칠 뒤 B가 출근하지 않았고, 이번엔 A와 함께 지하철역까지 가게 되었다. 가는 길에 A는 나에게 이런 얘기를 했다.

"B의 남편이 뭐 하는 사람인지 아세요?"

"잘 모르겠는데요. 개인 사업을 한다고 하지 않았나요?"

"무슨 개인 사업이에요? 직원이 한 명밖에 없다던데요."

"그런가요? 돈도 꽤 잘 번다는 얘기를 들은 것 같아서요."

"B가 자기 입으로 그러던가요? 하여간 그 여자는 허영심만 많아서 입만 열면 거짓말이라니까! 남편이 돈을 못 번대요. 어떨 때는 자금이 부족해서 B의 월급까지 넣어야 한대요."

나는 한동안 A가 쏟아내는 말을 더 들어야 했다.

"남편이 손버릇이 나빠서 부부싸움만 하면 손이 올라간대요. 나는 진즉에 그 여자가 돈 때문에 평생 눈물 흘릴 팔자인 줄 알아봤다고요."

나는 말문이 막혀 어리둥절해졌다. 평소에는 예쁘고 밝은 모습인 B가 지옥에서 살고 있다니 믿을 수 없었다. 남편이 아내의 등골을 빼먹고 걸핏하면 손찌검까지 한다니 그렇게 사는 B는 희망이 없는 삶의 구덩이에서 헤매는 것 같았다.

며칠 뒤 B는 A가 회사를 그만둘 거라고 했는데, 편집장이 갑자기 회사를 그만두었다. 재미있게도 편집장이 옮긴 회사가 바로 B가 말한 그 잡지사였다. B의 정보가 50퍼센트만 맞은 셈이다.

사장은 내부직원 가운데 새 편집장을 뽑겠다는 원칙을 세우고, A와 B 가운데 한 사람을 선택할 생각이었다. 나는 작가이기는 하지만 편집에는 초보자라 처음부터 제외되었다.

그때부터 문제였다. A와 B는 공공연히 상대방을 헐뜯으며 상대를 밟고 올라가려고 했다. 나는 기겁했다. 화목하고 팀워크도 좋다고 생각한 우리 세 사람이 알고 봤더니 아옹다옹 싸우는 오합지졸이었던 것이다.

## 우리 내면이 가장 간절히 원하는 위로

중고교 시절에 친했던 친구가 두 명 있었다. 우리 세 사람은 매일 붙어 다녔고 서로 못할 말이 없을 정도로 친했다. 하지만 그중에 한 아이는 나랑 둘만 있으면 다른 아이에 대한 험담을 늘어놓았다.

"헤어스타일이 안 예쁘다, 머리색깔이 너무 노랗다, 책상이 지저분하다, 교복도 일주일에 겨우 한 번 빨아 입는다……."

그런데 무슨 이유에선지 이 아이는 점점 우리와 멀어졌다. 그러고는 고등학교를 졸업한 뒤 타지에 있는 대학에 진학하면서 완전히 끊어졌다.

시간이 흐른 뒤 나는 그 당시 어떤 생각을 했는지 스스로에게 물어보았다. 왜 그 아이는 그렇게 친구 험담을 즐겼을까? 왜 친구의 작은 결점을 들춰내고, 친구 삶에서 잘 풀리지 않는 부분을 보며 즐거워했을까?

친구를 공격해서 다른 친구와 거리를 좁히려고 했을까? 아니면 두 친구가 가까워지는 것 같아서 자기만 버림받을까 두려웠을까? 그래서 우리 세 사람의 관계에서 알게 모르게 위기감을 느낀 것일까? 사실 이 물음의 이유는 심리학자들이 이미 밝혀놓았다. 심리학자들은 이렇게 말한다.

"타인을 공격하는 행위는 대부분 자신을 보호하려는 심리 수단이다. 즐거움을 서로 나누는 것보다 미움을 서로 나누는 것이 두 사람의 심리적 거리를 좁히는 데 더 효과적이며 새로운 관계를 정립하는 핵심이다."


따라서 누군가 당신 면전에서 어떤 사람을 헐뜯고 비난한다면, 섣불리 반응하지 말고 그런가보다 하고 넘어가는 게 좋다. 심리학자들은 사람들이 위협이나 스트레스를 받으면 보통 맞서 싸우거나 도망치지만, 이와는 다른 반응을 보이는 유형도 있다고 한다. 바로 동맹을 맺는 것이다.

어떤 사람들은 위급한 상황이 되면 이웃의 힘을 끌어 모아 위기를 넘기려고 한다. 이런 유형에게는 그룹 내 동맹관계가 매우 중요하다. 만약 조직 내에 동맹을 맺을 파트너가 없다면, 마치 전쟁터에서 혼자 남은 상황과 같아서 순간적으로 힘을 잃고 위험에 빠졌다는 극도의 두려움을 느낀다.

그 결과 조직에서 버림받고 외톨이가 될까봐 두려워하며 조직 내 모든 멤버와 동맹관계를 맺으려고 노력한다. 동맹의 파트너가 되려면 각자의 비밀과 사생활은 물론 감정까지 공유해야 한다.

가장 중요한 필수요소는 '공공의 적'을 만들고 고립시키는 일이다. 그래야 두 사람의 관계가 더 단단해지기 때문이다. 타인에 대한 공격은 자기들의 동맹관계를 공고하게 하는 효과적인 수단이다. 이제 두 사람은 한 배를 탄 공동운명체가 되었다.

타인을 공격하기를 좋아하는 사람일수록 조직 내에서 위기감을 쉽게 느낀다. 자기 혼자 외톨이가 될까봐 두려워하며, 그럴 바에야 차라리 선수를 쳐서 자기만의 강력한 동맹군을 만들겠다는 무의식이 작동한다.

불행하게도 공격을 당하면 어떻게 해결할지는 잠시 제쳐두고, 먼저 남을 공격하지 않고도 사랑이 넘치는 끈끈한 인간관계를 유지하는 것을 생각해보자.

사극에 나오는 악질적인 왕처럼 허구한 날 분쟁을 일으킬

것이 아니라 차라리 건강한 인간관계 속에서 사랑과 따뜻함, 소속감, 안전감을 얻을 방법을 배우는 편이 더 낫다. 이것이 바로 우리 내면 깊은 곳에서 가장 간절하게 원하는 위로이기 때문이다.

## 우리가 목표로 해야 할 인간상

발달심리학에 따르면 한 살 이전의 경험이 한 인간의 안전감을 형성하는 데 매우 중요하다고 한다. 그렇다고 우리 모두가 한 살 이전의 영아로 되돌아갈 수는 없다. 결국 어른의 세계에서 자기 스스로 안전감을 만들 수밖에 없다는 얘기다.

직장인들은 회사라는 조직 안에서 안전감을 얻는 과정에서 많은 실수를 저지른다. 그러다보면 험난한 세상에 이렇게 착해 빠져서야 어떻게 살아남겠느냐고 생각하게 된다. 그래서 회사는 전쟁터가 되어 조직원들이 좀더 결사적이 된다.

요즘 들어 이와 관련한 영화나 드라마가 정말 많이 쏟아져 나오고 있다. 이런 매체들은 정직한 사람만 손해를 보고, 온갖 술수로 암투를 벌이는 사람만 성공하며, 경쟁자의 시체를 밟고 올라서야만 삶의 승리자가 된다는 식의 메시지를 던진다.

우리가 시간을 어디에 쓰느냐에 따라 얻는 결과도 제각각이다. 쓸데없는 이전투구와 암투에서 발을 빼고 사무실에서 정치할 시간이나 남에게 아부할 시간, 남의 뒷담화를 할 시간을 모두 모아 자기를 계발하는 데 집중 투자하면 어떨까?

지금보다 더 많은 지식을 얻으려 노력하고, 세상을 살아갈 나만의 무기를 더 많이 개발하자. 이렇게 해서 만든 실력을 이용해 내면을 튼튼히 하고, 스스로 안전감을 강화한다면 무엇도 두려울 게 없다. 이렇게 되면 자연히 초조함, 안전감 결여 문제도 사라질 것이다. 우리가 목표로 해야 할 인간상은 바로 이런 것이어야 하지 않을까?

# 25

# 노력하는 네 모습이
# 정말 보기 좋아

## 누구도 대신하지 못할 나만의 능력이 있나?

어떤 지방에서 모든 톨게이트의 요금소를 없애고 전자기계로
대신하기로 했다는 기사를 읽은 적이 있다. 이용자들에게 편
리하도록 바꾼 것이니 반가운 소식이지만, 이 때문에 상심할
사람들도 있을 것이다. 누구일까? 요금소에서 일하는 수납원
들이다.

요금소를 없애면 수납원들은 일자리를 잃는다. 느닷없이 밥
그릇을 빼앗긴 그들은 당국에 몰려가 따졌다. 한 여성이 이렇
게 당당하게 외쳤다.

"저는 지금 서른여섯 살이에요. 열아홉 살에 시작해서 제 청

춘을 여기에 몽땅 바쳤어요. 저는 다른 일을 할 줄 모르고, 받아주는 곳도 없어요. 지금 이 나이에 도대체 뭘 해먹고 살란 말이에요?"

이것은 뉴스가 아니라 한 편의 코미디 같다. 36세 여성이 "지금 이 나이에 도대체 뭘 해먹고 살란 말이에요?"라고 말하는 게 부끄럽지 않을까? 더구나 이제 남들에게 인정받기는 틀렸다고, 갈 곳도 없다고 단정하는 모습이 안타깝기만 했다.

그녀는 나이가 문제가 아니라 수납원으로 일하기 시작한 그날부터 다른 분야는 아예 관심도 없이 살았다는 게 더 큰 문제였다. 그녀는 어쩌면 열아홉 살 때부터 평생 수납원 일만 하며 살겠다고 마음먹었을 것이다.

내 친구는 '철밥통'이 그녀에게 안정적이고 안전하다는 착각을 심어준 것이 문제였을 거라고 지적했다. 그러니 변화가 닥쳐서야 비로소 위기감을 느끼고 허둥댄 것이라고 꼬집었다.

우리에게 진짜 '철밥통'은 한곳에서 평생 일할 수 있는 직장이 아니라 어디를 가든 밥벌이를 할 수 있는 능력이어야 한다. 시시각각 변하는 현대사회에서 배우지 않고, 성장하지 않는 사람은 위기를 관리할 능력이 없다. 따라서 그에게 아무리 큰 '철밥통'을 쥐어준다 해도 그것을 유지할 힘이 없다.

작가 한쑹뤄(韓松落)는 한때 공무원 생활을 했다. 그는 주어진 업무 이외에는 거의 모든 시간을 독서와 글쓰기, 영화평론과 칼럼 쓰기에 투자했다고 한다. 처음엔 이곳저곳 아마추어 작가로서 투고를 했지만, 점점 독자들 사이에 인기가 올라 청탁을 받게 되었다.

동료들은 하루 종일 함께 일하는 이 젊은이가 잡지사의 그 유명한 칼럼니스트라는 사실을 전혀 눈치채지 못했다. 글을 가명으로 발표했으니 말이다.

몇 년 후 그는 '철밥통'을 내던지고 더 넓은 세상으로 뛰어들었다. 그는 처음에는 완전히 맨땅에 헤딩하기였다고 말했다. 하지만 바위에 던져지는 계란 신세라 해도 흔적은 남는 법이다. 한결같은 마음으로 글쓰기에 천착한 결과 10여 년이 지난 지금은 유명작가 반열에 올랐다.

똑같은 철밥통인데 어떤 사람은 안일한 환경을 박차고 나와 삶에 활력을 더하고 더 많은 의미 있는 일을 창조하는 데 반해, 어떤 사람은 생기와 활력을 잃고 자기를 점점 더 사지로 몰고 간다.

이는 단지 밥그릇 얘기에만 그치지 않는다. 변화무쌍한 세상이다. 당신에겐 철밥통을 대신할 무형의 자산이 있는가? 누구도 대신하지 못할 당신만의 능력 말이다.

# 위기를 극복할 수 있는 마법의 열쇠

우리는 아이들의 학습 능력이 얼마나 강한지 잘 알고 있다. 호기심이 왕성해서 세상을 향한 탐구욕으로 가득 차 있다. 나는 그것을 하나의 '공부'라고 생각한다. 우리가 공부를 그만두고 성장하기를 포기한다면 더는 생기가 발산되지 않는다. 그러면 남는 것은 쇠퇴뿐이다.

더는 새로운 것에 호기심을 느끼지 않거나 그것을 거부하기 시작할 때, 더는 새로운 것을 배우려고 하지 않을 때, 새로운 기능을 자진해서 봉쇄할 때, 우리는 빠르게 쇠퇴의 길을 걷기 시작한다.

인간이 늙는 것은 주름살이나 흰머리가 처음 생겼을 때부터가 아니라 더 배우겠다는 욕구가 사라질 때부터다. 노벨문학상을 수상한 프랑스 작가 로맹 롤랑(Romain Rolland)의 말은 그래서 의미심장하다.

"많은 사람이 서른 살에 이미 죽는다."

죽을 때까지 배우는 것은 영원한 청춘을 유지하는 비결이다. 내 말을 믿지 못하겠거든 주위를 관찰해보기 바란다. 실제로 살아가면서 학습 능력이 강한 사람은 동년배보다 훨씬 더 젊어 보인다.

우리 아버지는 전형적인 '늙기를 거부하는 사람'이다. 그래서 남들이 노인 취급하는 것에 알레르기 반응을 보이며 싫어하신다. 옷차림도 젊은이의 감각을 따라가려 하고, 새로운 유행에도 민감해서 뒤처지는 것을 매우 싫어하신다.

한번은 아버지를 골탕 먹이고 싶었다. 핸드폰 화면을 텔레비전에 연동시킨 뒤 위층에서 핸드폰으로 텔레비전을 원격 조종했다. 그러자 1층 거실에서 아버지가 버럭 외치는 소리가 들렸다. 텔레비전을 보는데 화면이 제멋대로 바뀐다면서 말이다. 텔레비전이 고장 났다고 판단하셨으리라 생각하니 웃음이 터졌다.

화가 난 아버지는 다음 날 핸드폰 자체를 바꿔버렸다. 7년 이상 써온 구식 핸드폰에 문제가 있다고 판단하신 거였다. 그 뒤 열심히 스마트폰을 연구하시더니 한 달 뒤에는 스마트폰 박사가 되었다.

지금은 마을 어르신들 사이에 최고 스타로 통한다. 앱을 다운받거나 인터넷 쇼핑을 하고 싶을 때, 또는 설정을 바꾸고 싶을 때 다들 아버지를 찾아온다. 링컨은 이런 말을 남겼다.

"나는 그런 사람을 만나기를 좋아합니다. 자기가 현재 살고 있는 곳을 자랑스럽게 생각하는 사람, 어떤 곳에 가건 그곳을 더 살기 좋게 만드는 사람을……."

자신이 젊다고 생각하지 않는 사람은 절대로 이렇게 하지 못한다.

시대는 너무나 빠르게 변한다. 이런 변화무쌍한 상황을 두려워하지 않고 시종일관 시대의 무대 위에서 활약할 수 있는 사람은 누구일까? 당연히 끊임없이 공부하고 업그레이드하며 자신을 새롭게 바꿔나갈 수 있는 사람이다.

평생 꾸준히 공부함으로써 오늘보다 내일, 내일보다 모레 조금씩 더 향상되고 강해질 수 있다. 그러면 늙음을 두려워할 필요도, 예상 못한 위기를 걱정할 필요도 없다. 내 손에는 어떤 변화나 위기도 극복할 수 있는 '마법의 열쇠'가 있기 때문이다. 이런 마법의 비밀은 다름 아닌 배우고 성장하는 능력이다.

—

# PART 6

# 인생의 고통은 복잡함에서 오고, 인생의 즐거움은 단순함에서 온다

# 26

# 지나친 집착을 버리면
# 생기는 일들

## 집착과 끈질김은 다른 얘기다

크리스토퍼 놀란(Christopher Nolan) 감독의 영화 〈프레스티지(The Prestige)〉에서는 두 마술사의 마술에 대한 집착을 둘러싼 이야기가 흥미진진하게 전개된다.

주인공 루퍼트 엔지어는 상류층 집안에서 자란 마술사로 쇼맨십이 강하다. 반면 고아로 자라 거친 성격에 사람들과 잘 어울리지 못하는 알프레드 보든은 누구보다 재능이 탁월하지만 자기 마술 아이디어를 남들에게 보여줄 배짱이 부족하다.

두 사람은 서로 아끼는 친구이자 최고 마술사가 되려고 노력하는 선의의 경쟁자로 지낸다. 어느 날 루퍼트가 자신의 최고 기술이라고 자부했던 수중마술이 실패로 돌아가고 아내마저 잃으면서 나락으로 떨어지게 된다.

그런데 알프레드가 최고 기술인 순간이동 마술을 선보이자 질투심에 사로잡힌 루퍼트 역시 한층 업그레이드된 똑같은 마술을 완성한다. 그들이 서로 마술 비밀을 캐내려 경쟁을 벌이면서 주위 사람들마저 위태롭게 만드는 등 영화는 점점 위기감이 넘친다.

이때 두 사람의 공통적인 심리 상태는 '편집증'이다. 편집증은 어떤 망상을 논리적인 체계를 바탕으로 지속적으로 고집하는 심리 상태를 말한다.

이 영화에서 한 사람은 마음속에 원한이 가득해 매일같이 복수를 꿈꾸고, 다른 한 사람은 더 신비한 마술을 만들기 위해 미쳐 있다. 두 사람이 마법으로 끊임없이 경쟁을 펼친 이유는 단 하나, 상대방을 이기기 위해서였다. 다시 말해 상대방을 파괴함으로써 자기가 세상에서 마술을 가장 잘하는 최후의 1인이 되기 위해서였다.

원래 알프레드는 마술의 극한을 추구했다. 마술사는 평생 자신을 숨기면서 남들을 속여야 한다고 생각했다. 그래야만 그 마술이 사람들에게 탄로 나지 않으니 말이다.

반면 루퍼트는 원래 본성이 착해서 아무리 마술쇼를 위해서라도 도구로 사용된 작은 새조차 죽이고 싶어 하지 않았지만, 복수에 대한 집착이 불타오르자 결국 이 신념마저 꺾고 만다.

마술에 대한 집념을 제대로 살렸다면, 두 사람은 누구보다 뛰어난 마술사가 되었을 것이다. 하지만 과도한 집착은 결국 편집증으로 발전했고, 두 사람은 결코 돌아올 수 없는 파국으로 치달았다. 둘은 스스로를 어둠의 세계에 가뒀고, 끝내 목숨을 대가로 바쳤다.

심리학자들은 사람들이 대부분 크고 작은 편집증 유전자를 갖고 있다고 말한다. 일종의 인격 장애인 편집증은 마치 지구의 중력과 같아서 떨쳐내기가 매우 어렵다.

반면에 적절한 수준의 편집증은 심리적 문제가 아니라 오히려 이상을 추구하고 개성을 드러내는 데 도움을 주기도 한다. 성공한 사람들 가운데는 일반인들이 도저히 따라갈 수 없는 높은 경지에 오른 경우가 많은데, 그 배경에는 어떤 형식이든 특별한 편집증이 있다.

하기야 어떤 분야에 병적인 끈질김이 없다면 성공한 사람이 될 수는 없었을 것이다. 그들이 편집증 환자와 다른 점은 그것을 목숨을 거는 집착으로 변질시키지 않았다는 점이다.

# 생각을 조금만 바꿔도 달라지는 세상

일부 유명인사 가운데는 조금 더 특별하게 보이고 싶어서인지 자기에게 편집증이 있다고 말하는 이들이 있다. 한 분야에 집착해서 자기 실력을 높이는 데 활용한다면 나쁠 게 없지만, 심리학자들은 과도한 편집증은 절대 좋은 것이 아니라고 경고한다. 편집증은 양날의 검과 같아서 어느 때는 긍정적 집념이 될 수 있지만 또 어느 때는 부정적 인격 장애가 될 수 있기 때문이다.

편집증인 사람은 자기중심적인 경향을 보일 때가 많다. 자기만 옳다는 독선에 빠지거나 매사에 의심이 많고, 마음의 그릇이 작아서 툭하면 싸우고, 지나치게 예민하다.

그들은 보통 사람은 웃어넘길 수 있는 일이나 자극에도 참지 못하고 격앙된 반응을 보일 때도 많다. 성격이 이런 사람은 남들과 잘 어울리지 못하므로 동료들한테는 일종의 골칫거리쯤으로 취급된다.

사람들 틈에 있으면 그들은 늘 튄다. 자기만 뛰어나고 옳으며 남들은 다 틀렸다는 식으로 행동한다. 궤변을 늘어놓기를 즐기고 아무리 논리적으로 설득하려고 해도 통하지 않는다.

편집증에 붙잡혀 있는 사람은 흔히 불가능한 일에 매달려 시간을 낭비한다. 그 결과 선택의 폭이 점점 좁아지고, 막다른 골목으로 빠져든다.

드넓은 바다에 사는 문어에게는 독특한 습성이 있다. 문어는 몸이 대단히 유연해서 아주 좁은 공간에도 쉽게 비집고 들어갈 수 있다. 아무리 작은 구멍이라도 문어에게는 아무 문제가 되지 않아 먹잇감을 쉽게 꺼낼 수 있다.

어부들은 문어의 이런 습성을 역이용한다. 작은 항아리를 줄 여러 개로 묶은 다음 바다에 던져놓는다. 문어는 이 항아리를 보는 순간 어떻게든 그 안에 들어가려고 애를 쓴다. 입구가 아무리 좁아도 상관하지 않는다.

하지만 일단 그 안에 들어가면 갇히고 만다. 머리로 항아리 바닥을 아무리 두드려봤자 소용이 없다. 문어는 앞으로 계속 가면 밖으로 나올 수 있다고 생각한다. 뒤로 돌아서면 금방 항아리 입구를 찾을 수 있는데 문어는 그게 안 된다. 결국 독 안에 든 쥐 신세가 되어 우리의 저녁 식탁에 오른다.

몸을 뒤로 돌리기만 해도 쉽게 빠져나올 수 있는데 그게 왜 안 될까? 문어를 가둔 함정은 항아리가 아니라 죽어도 뒤는 돌아보지 않겠다는 외골수 같은 사고방식이다.

살다보면 우리는 누구나 문어를 잡는 데 쓰는 항아리 같은 어려움을 겪는다. 이런 상황에 빠졌을 때는 적극적으로 움직이며 방법을 찾아야 문제 해결에 도움이 된다. 역경에 빠졌는데도 여전히 편집증적 태도를 버리지 않으면 문어 같은 신세를 면치 못한다.

이런 이유 때문에 심리학자 알프레드 아들러(Alfred Adler)는 '타인의 수프에 침을 뱉어라!'고 말했다. 편집증이 과도한 사람에게는 이렇게 해야만 그 수프를 포기한다는 뜻이다.

편집증과 집념의 가장 큰 차이점은 무엇일까? 편집증은 우리의 삶을 개선하거나 유의미하게 바꾸지 못하고 오히려 더 어렵고 허무하게 만든다. 그리고 우리를 초조와 고통 속에 밀어 넣는다.

그러니 마음속 그 신기루는 하루빨리 떨쳐 없애고, 더는 끊임없는 고통에 시달리지 말자. 현실을 있는 그대로 받아들이고, 현재의 나를 솔직하게 인정하자. 이런 각오를 다져야만 비로소 나 자신을 한 단계 더 개선하고 업그레이드할 수 있다.

만약 우리 마음이 융통성이라곤 눈곱만큼도 없고, 항상 고집스럽고 경직되어 있다면 집착은 마치 마법처럼 우리 삶을 막장 드라마로 만들어버릴 것이다. 생각을 조금만 바꿔도 험준한 요새는 확 트인 탄탄대로로 바뀔 것이다.

# 27

# 흘러간 물로는
# 물레방아를 돌릴 수 없다

## 평생 가슴에 담아두었던 첫사랑을 만나다

친구가 자기 아버지에게 있었던 일을 얘기해준 적이 있다. 그
의 아버지가 젊었을 때 농촌에서 초등학교 교사로 근무했는
데, 베이징에서 내려온 여성을 좋아하게 되었다고 한다. 때는
문화대혁명이 한창이던 1960년대 말로, 베이징에서 대학을
다니는 젊은이들이 한꺼번에 시골에 내려와 있을 때였다.

그녀는 대단히 예뻤다. 검고 긴 머리카락을 두 갈래로 땋거
나 새로운 스타일로 머리를 말아 올리거나 해서 농촌 마을 여
성들에게 큰 유행을 일으켰다. 시골 마을 여성들에게는 그런
모습이 신선한 충격으로 다가왔던 것이다.

아버지의 짝사랑은 그 여자는 알지도 못한 채 아무 결말도 없이 끝났다. 문화대혁명이 끝나고 각자 고향에 돌아가는 정책에 따라 그 여성도 베이징으로 돌아갔던 것이다.

그로부터 40년이 넘게 시간이 흘렀지만 그의 아버지는 여전히 그 여인을 잊지 못하고 가끔 술 한잔을 마시면 그때 이야기를 하며 감상에 젖곤 했다. 10년 전 어머니가 지병으로 돌아가신 뒤에는 점점 더해서 이야기는 더욱 과장되고 아름다운 추억으로 포장되었다.

속담에 '잊지 않고 늘 생각하면 언젠가 보답이 온다'는 말이 있는데, 아버지에게 그 말이 사실이 되었다. 어느 날 친구의 아버지에게 동료가 전화를 걸어왔다.

"내가 즐기는 인터넷 친구 찾기 사이트의 채팅방에서 자네 이름이 계속 나오던데 한번 확인해봐."

아버지는 그때 60대 중반으로 당연히 인터넷 같은 건 하지 않았다. 그래서 옆집 청년의 도움을 받아 급히 친구 찾기 사이트라는 곳에 들어가 봤는데, 40년 전 농촌 마을에 내려왔던 그 친구들이었다.

그런데 그들 중 낯익은 이름 하나가 눈에 띄었다. 아버지가 그토록 그리워했던 그 여인의 이름이었다. 아버지는 떨리는 가슴을 억누르며 전화를 걸었고, 서로를 확인한 두 사람은 옛날이야기를 하며 세 시간 이상 통화했다.

그 여인은 당연히 40년 이상이나 아버지가 자신을 짝사랑해왔다는 사실을 알지 못했다. 다만 시간 저편에 도사린 추억을 되살리고, 예전에 찍었던 흑백사진 속 인물을 끄집어내 그때 그 청년을 생각해낸 것이다.

알고 보니 그 여성은 아버지가 살고 있는 곳 근처 도시에서 의사로 일하고 있었다. 이튿날 아버지는 당장 첫사랑을 만나러 달려갔고, 두 사람은 마침내 만났다.

그런데 이야기가 여기서 갑자기 끝났다. 다음 이야기가 궁금해서 안달이 난 나는 그 뒤 어떻게 되었느냐고 캐물었다. 그러자 친구가 웃으면서 대답했다.

"뭘 어떻게 돼? 그게 마지막 만남이었지."

미녀도 세월을 이기지는 못한다더니, 그 말이 사실인가 보다. 그 시절의 아름다운 처녀는 어느새 뚱뚱한 할머니로 변해 있었다. 아무리 화면을 재구성하려 해도, 눈앞에 있는 뚱뚱한 할머니와 꿈에 그리던 그 첫사랑을 연결할 수 없었다고 한다.

더구나 그녀는 남편과 충실하고 행복한 노후를 보내고 있어서 아버지가 비집고 들어갈 틈이 없었다. 아버지는 그제야 말씀하셨다고 한다.

"나는 평생 인생의 마지막은 아주 짧은 시간이라도 그녀와 함께하는 삶을 꿈꿨는데, 그럴 수 없다는 걸 알게 되니 오히려 홀가분해지더라."

아버지는 그 일이 있고 나서 평생 가슴에 담아두었던 첫사랑을 완전히 내려놓고 더 찾지 않았다. 추억은 추억일 뿐 마음의 짐을 내려놓으니 더할 나위 없이 자유로워졌던 것이다.


## 어차피 둘이 될 수 없다면

터놓고 지내는 여성작가 한 분이 있다. 그녀는 고교 시절에 학교에서 제일 잘생긴 남학생과 사귀었는데, 둘 다 외모가 뛰어나서 함께 걸으면 돌아보는 사람이 엄청 많았다고 한다.

하지만 첫사랑은 이뤄지기 어렵다는 게 동서고금의 진리다. 두 사람은 각기 다른 지방으로 대학을 가면서 처음 얼마 동안 편지를 주고받았지만 자연스럽게 멀어지고 말았다.

10여 년이 흐른 어느 날, 그녀에게 전화 한 통이 걸려왔다. 핸드폰 너머에서 들리는 목소리는 긴 세월의 터널을 지나왔음에도 대번에 알아차릴 수 있었다.

지금 상하이에서 변호사로 일하는 상대방은 오랫동안 그녀를 찾았다며 최근에야 겨우 전화번호를 알게 되었다고 했다. 그리고 어제 베이징에 출장을 왔는데, 한 번 만날 수 있겠냐고 물었다. 그녀가 물었다.

"지금 어디야?"

"여기는 샹그릴라호텔이야."

그녀는 심장이 터져 나올 것 같았다. 그녀가 살고 있는 집은 샹그릴라호텔에서 택시로 불과 5분 거리에 있었기 때문이다. 하지만 그녀 입에서는 이런 말이 새어나왔다.

"그래? 나는 오늘 중요한 미팅이 있어서 도저히 빠져나갈 수 없는데, 이걸 어쩌지?"

"그래? 나는 내일 떠나야 하는데 언제 끝나지? 얼굴만 한 번 보고 싶어. 꼭 만나고 싶어."


사실 그녀는 그 시간 집에 있었다. 택시를 잡아타면 5분이면 달려갈 수 있는 곳에 옛사랑이 와 있고, 그가 지금 간절히 찾는데 그녀 입에서는 또 한 번 마음에 없는 말이 새어나왔다.

"이걸 어쩌지? 도저히 시간이……."

나는 이해할 수 없었다. 두 사람 다 어른이 되었는데, 얼굴 한 번 보는 게 무슨 대수인가. 더구나 첫사랑인데 만나서 옛날이야기를 나누면 좋지 않을까? 하지만 그녀 생각은 달랐다.

"모르는 소리 하지 마! 그가 알고 있는 예쁘던 그 여학생은 지금은 없어. 그때의 파릇파릇했던 소녀는 이제 추레한 아줌마가 됐어. 그런 모습을 그 사람한테 보여주고 싶지 않았어."

그제야 나는 이해가 되었다. 아마 이것이 핵심일 것이다. 어차피 둘이 이어질 수 없다면 추억 속 얼굴로만 영원히 기억되기를 바라는 마음 말이다. 그녀는 밤이 깊도록 옛날 그 남학생과 함께했던 추억을 떠올리며 감상에 젖었다. 눈물이 찔끔 나왔지만, 그래도 가슴은 따뜻했다고 한다.


## 인생 최대의 명품을 만드는 법

내가 아는 이런 시가 있다.


오래전 헤어진 옛사랑, 되도록 다시 만나지 마라.
그들은 즐거웠던 옛 청춘을 그리워하고
너의 아름다움을 사랑하지만,
그게 진심이든 아니든
오직 한 사람만이 네 그 성지 순례자 같은 영혼을 사랑하고,
늙어버린 얼굴의 그 괴로운 주름살을 사랑할 테니.

이런 사랑은 그저 아름다운 시 속에서나 존재한다. 삶과 죽음을 함께하고 영원히 변심하지 않으며, 설령 추레한 얼굴로 되더라도 변치 않는 것이 진정한 사랑 아닐까? 하지만 이상과 현실은 다른 법. 오랜 헤어짐 뒤의 해후에는 언제나 위험이 뒤따른다.

현재의 자신을 과대평가해서는 안 된다. 상대방을 과대평가하는 것 역시 절대 금물이다. 오랜 세월 서로 의지하며 사는 사람만이 변한 당신 모습을 보고도 놀라거나 변심하지 않는다. 어차피 그때 함께하지 못했으니 더는 집착을 남겨두지 말자.


어쩌면 오래된 물건을 버리는 것보다 더 어려운 일이 '감정의 단샤리'일지 모른다. 정신적 단순함의 추구, 이것이야말로 인생 최대의 명품 아닐까?

때로는 절대로 품어선 안 될 망상이 우리를 가장 괴롭히기도 한다. 하지만 어차피 인연이 다했다면 가급적 빨리 내려놓고 떠나보내는 것이 좋다. 그렇지 못하면 나도 그 사람도 모두 힘들어진다. 그리고 아름다운 결말은커녕 오히려 좋은 시절만 낭비할 뿐이다.

나이 먹은 사람 치고 사연 없는 사람은 없다. 하지만 정말로 성숙한 사람이라면 내려놓아야 할 때는 미련 없이 내려놓아야 한다. 나는 이것이 중년 이후 행복한 삶의 태도라고 생각한다.

단순한 삶을 추구하고 싶다면 지나간 사연을 그렇게 많이 껴안고 있어서는 안 된다. 지나간 일은 바람에 날려 떠나게 하고, 잊어야 할 일들이 내 마음속 공간을 차지하게 내버려두지 말자.

예전에 사랑한 사람이 마치 낙인처럼 마음속에 남아 있다 해도, 그가 지금도 여전히 내 마음을 흔들어놓는다 해도, 그 일이 아무리 내 가슴을 찢어놓는다 해도 말이다.

누군가는 지나간 일이 바람과 같다고 하고, 또 누군가는 연기와 같다고 한다. 만약 그렇다면 한 줄기 바람이나 한 줌의 연기에 거창한 의미를 담을 필요는 없지 않을까?

이젠 지난날의 회한이나 미련을 내려놓고 마음을 비우는 법을 배우자. 지난일은 연기가 되어 사라지게 놓아두자. 지난일이 비수가 되도록 만들지 말자. 나는 이것이 중년의 삶을 살아가는 사람들의 정신적 단샤리라고 생각한다.

# 28

# 너는 단지 겉으로만
# 열심히 노력할 뿐이다

## '늦은 취침 강박증'에 시달리는 사람들

같은 회사에 다니는 선배가 새해 소망을 말했다. 그런데 첫 번째 소망이 '밤새우지 않기'였다! 왜 잠자는 얘기를 올렸을까? 그의 대답이 내게 메아리가 되어 오래 남았다.

"왜냐하면 우리는 전체 인생의 30퍼센트를 잠을 자는 데 보내기 때문이야. 따라서 수면은 삶의 질에 지대한 영향을 미치지. 그러니 삶의 방식에 관해 얘기할 때 잠자는 얘기를 안 꺼낼 수 없지."

예전에 누군가 나에게 보통 몇 시에 자냐고 물었다. 내 대답은 엉뚱하게도 "핸드폰 배터리가 다 나가는 시간에 따라 달라!"였다. 그만큼 나는 수면에 인색했고, 그 결과 항상 신경쇠약에 시달리며 젊음을 보내야 했다.

NBA 농구스타 코비 브라이언트는 '로스앤젤레스의 새벽 4시가 어떤 모습인지 아는가?'라는 유명한 말을 남겼다. 자신은 평소에는 물론이고 시합이 끝나고 나서도 그때까지 연습한다는 얘기였다.

그때부터 '로스앤젤레스의 새벽 4시'는 코비의 노력을 대변하는 명언이 되었다. 그는 새벽 4시까지 무수히 많은 볼을 던지고 또 던지면서 최고라는 자리에서 밀려나지 않으려고 발버둥을 쳤다.

반면에 나는 베이징의 새벽 4시에 그와 똑같이 밤을 새우며 삶의 고뇌라는 공을 튕기고 있다. 만약 누가 나에게 베이징의 새벽 4시를 본 적이 있냐고 묻는다면, 나는 이렇게 대답할 것이다.

"지겹도록 봤지. 왜냐고? 그 시간은 내가 잠잘 준비를 할 때니까."

대다수 직장인에게 사생활은 퇴근 이후 시작된다. 몸은 비록 피곤하지만 밤늦게까지 인터넷 세상을 돌아다니고, 책을 읽고, 영화를 보고, 모임을 한다.

그러니 젊은 세대에게 새벽 1시가 되어도 잠들지 못하는 것은 아주 흔한 일이다. 심리학자들은 이를 가리켜 '늦은 취침 강박증(late sleep obsession)'이라고 부른다. 무슨 대처 방법이 없을까? 심리학 전문가들은 '늦은 취침 강박증'에서 다음 세 가지 전형적인 증상을 도출했다.

첫째, 낮에는 일하느라 바쁘고 밤에는 스트레스를 푸느라 바쁘다. 직장생활을 하다보면 뜻대로 되는 게 없다. 스트레스는 쌓여만 가고, 마치 소처럼 일에만 집중해야 한다.

자기만의 자유시간은 오직 퇴근 이후뿐이다. 그러니 낮에 지나치게 조인 몸을 잘 풀어야만 자기 자신에게 덜 미안해진다. 따라서 퇴근 후 집에 와서는 새벽 1~2시까지 열심히 논다.

해가 뜨면 다시 정해진 시간에 일어나 출근해야 한다. 잔뜩 충혈된 눈으로 연달아 하품하면서 사무실에 들어선다. 그리고 커피나 짙은 차를 연거푸 마시며 정신을 차리려고 애쓴다.

둘째, 자정이 되기 전까지는 정신이 없고 자정이 지나서는 생기가 돈다. 가끔 자정이 되기 전에 졸릴 때도 있지만 억지로 잠을 참는다. 그러다 가장 졸린 순간이 지나면 정신이 말짱해지고, 이제부터는 자고 싶어도 잠이 안 온다.

나는 그 시간이 되면 책을 읽고, 글을 쓰고, 나와 똑같은 저녁형 인간인 친구를 찾아 채팅하느라 바쁘다. 일은 미뤄서 밤 늦게 하는 게 습관이 되었고, 출근한 후에는 얼굴에 피곤이 가득하다. 일은 마지막 순간까지 미루다 겨우 끝내는데 특별한 상황이 생기면 정신없이 허둥댄다.

때때로 너무 늦게 잠자리에 들고, 일을 제때 마무리하지 못해 후회하지만 그다음 날에도 유혹을 이기지 못하고 다시 밤 늦게까지 잠자리에 들지 않는다.

셋째, 피곤해서 못 견디는 때가 되어야 겨우 잠자리에 든다. 저녁 늦게 집에 돌아오면 피로가 순식간에 에너지로 바뀐다. 그때부터 게임을 하거나 영화를 보거나 밀린 원고를 끄적거린다.

게임을 하면 늘 '이번 판이 진짜 마지막'이라고 생각하고, 드라마를 보면 '이번 회만 보고 무조건 자야지'라고 다짐한다. 물론 그때마다 내가 한 말을 스스로 뒤집는다. 밤새우는 걸 무슨 습관이라 생각하고, 몸이 못 견딜 정도로 피곤해져야 아쉬워하며 겨우 잠자리에 든다.

# 불면은 건강에 빚지는 일종의 도박

'늦은 취침 강박증'과 불면증은 근본적으로 다르다. 불면증은 자고 싶어도 잠이 안 오는 질병이다. 반면에 늦은 취침 강박증은 스스로 잠을 쫓으며 깨어 있는 상태를 악착같이 유지하는 것으로, 일종의 심리적 이유 때문에 생긴다.

늦은 취침 강박증도 수면장애의 일종으로, 건강 측면에서 볼 때 명백한 건강 이상 징후다. 미국 국립보건원의 연구에 따르면 밤을 새우는 것은 우리가 자기 건강에 빚을 지는 일종의 도박 행위이며 이때 판돈으로 건 것이 수면이라고 한다.

심리학자들은 인간의 건강과 장수에 직접 영향을 미치는 요소는 1순위가 건강한 음식, 2순위가 운동, 3순위가 수면이라고 한다. 한 시간 더 자면 업무 시간의 활력도 더 높아지고 나아가 건강도 챙길 수 있다. 수면은 그렇게 중요하다.

이렇게 자학에 가까운 늦은 취침 강박증은 어떻게 생겨났을까? 심리학자들은 두 가지 요인을 든다.

첫 번째 요인은 '내 시간은 내가 통제한다'는 생각으로 일종의 심리적 자기긍정을 하기 때문이다.

낮 시간은 업무 스케줄로 가득해서 내가 통제할 수 없다. 밤이 되어야만 온전한 나만의 시간을 가질 수 있고, 내가 좋아하는 일을 할 수 있으며, 시간을 마음대로 통제할 수 있다. 이것이야말로 자기긍정의 대표적인 모습이다.

두 번째 요인은 스트레스를 배출할 돌파구를 찾기 위해서다. 낮에는 스트레스가 아무리 쌓여도 먹고살기 위해 꾹꾹 참아야 한다. 돈벌이의 옹색함 때문에 움치고 뛸 수 없는 게 현대인의 모습이다. 누가 여기서 예외가 될 수 있을까?

낮에 몸과 마음이 지치고 정신도 긴장된 상태로 있었으므로 밤이 되면 흥분과 자극이 필요하다. 가령 헬스클럽에 가거나 게임을 하면서 스트레스를 날려버리고 심리적 피로를 풀려고 한다.

하지만 이런 자극은 오히려 사람을 더 흥분시켜서 잠을 달아나게 만든다는 문제가 있다. 스트레스를 푸는 데는 성공할지 모르지만 그로써 수면을 박차버리는 결과를 초래한다는 얘기다.

## 우리가 바라는 인생을 이루기 위해

늦은 취침 강박증은 오늘을 사는 대다수가 겪는 수면 질환이다. 심리학자들은 수면 강박증을 개선하려면 습관성 강박 행위를 회피하는 방법은 도움이 안 되니 대신 행위치료법을 받으라고 권한다.

가령 결벽증이 있는 강박장애 환자의 경우, 지저분한 물건을 만지게 한 뒤 손을 씻지 못하게 한다. 이 환자의 초조한 정서는 30분이 지나면 자연히 사라진다. 이러한 치료법은 시작하기는 어렵지만 한두 번 습관을 들이면 서슴없이 해낼 수 있다.

행위치료 과정에서는 먼저 자신과 대화하는 법을 배워야 한다. 밤이 되어 분명히 잠잘 시간이 되었는데도 대뇌는 '잠을 자면 안 돼! 너는 지금 ○○을 해야 해!'라고 명령한다. 이때 자신에게 이렇게 말할 수 있어야 한다.

"이건 내가 아니라 강박증이란 녀석이 장난을 치는 거야!"

그러면서 강박에 빠진 주의력을 단 몇 분만이라도 다른 곳으로 옮긴다. 그와 동시에 수면 강박증을 대신할 어떤 행위에 몰입한다. 가령 책을 읽거나 따뜻한 음료를 마시거나 따뜻한 물로 목욕하는 등 수면을 부르는 행동이라면 뭐든지 다 된다.

두뇌가 '지금은 잠잘 시간이 아니야. 그런 생각에 빠지지 마!'라고 말하는 소리가 들리면, 그때는 반드시 나 자신에게 이렇게 말해야 한다.

"강박증이 또 장난을 치는구나. 그럼 다른 일을 해야지!"

강박적 사고에 반응을 보이지 않을 때 비로소 나 자신의 진정한 주인이 될 수 있다. 그렇게 해야 강박증의 노예가 되지 않을 수 있다. 이런 절차에 따라 계속 진행해나가면 조금씩 일찍 잠자리에 들게 된다. 그리고 꾸준히 계속하면 서서히 정상적인 수면시간을 회복할 수 있다.

매일 야근하기 때문에 밤을 새울 수밖에 없다고? 말도 안 되는 변명일 뿐이다. 노력만 하면 누구든 수면 강박증쯤은 가뿐히 이겨낼 수 있음을 잊지 마라. 이제 마지막으로 명심할 일은 '지금 당장' 실천하는 것이다. 내일까지 기다리지 마라.

우리는 오늘 할 일을 내일로 미루는 데 익숙해져 있다. 항상 '내일만 되면 오늘의 나쁜 습관은 저절로 버릴 수 있다'며 판돈을 몽땅 내일에 건다. 그렇게 다시 잠을 이루지 못하다가 멍해져서 새벽녘에야 잠들고, 멍한 채로 늦게 일어나 멍한 채로 하루를 시작한다. 이런 식으로 피로에 절어 살아간다면, 이는 결코 우리가 바라는 인생은 아닐 것이다.

# 29

# 단순한 삶은 우아하다

## 진정한 우아함은 마음에서 나온다

나는 어렸을 때 미국 작가 마가렛 미첼(Margaret Mitchell)의
소설《바람과 함께 사라지다(Gone with the Wind)》를 읽고 난
후 받은 감동을 지금도 잊지 못한다. 스칼렛 오하라 자매가 파
티에 가기 전 유모는 항상 간식을 먹으라고 잔소리를 했다.

그때는 이 말이 이해가 안 되었는데, 이제는 알 것 같다. 집
에서 어느 정도 배를 채우고 가면, 파티에서는 조금만 먹어도
우아함과 품위를 유지할 수 있으니 말이다.

우아함 얘기가 나왔으니 말인데 나는 유명인이든 일반인이
든, 바쁘든 한가롭든, 삶에서 항상 우아한 자세를 유지할 수

있어야만 최고 인생을 사는 주인공이 될 수 있다고 생각한다.

한 친구와 이 문제를 두고 설전을 벌인 적이 있다. 친구는 말했다. 돈도 시간도 없는 사람이 우아함을 챙길 겨를이 어디 있느냐고. 생활고에 찌들어 곧 죽게 생겼는데 무슨 얼어 죽을 우아함이냐고 말이다.

친구는 자신을 예로 들었다. 밤을 꼬박 새워 야근한 뒤 배에서 꼬르륵 소리가 나면 컵라면으로 아침을 때운다. 그때 컵라면의 뜨거운 김이 확 올라오면 얼굴에서 어제저녁에 지우지 않은 화장품 냄새가 풍기고, 그때서야 세안을 깜빡했다는 걸 깨닫는다.

친구는 자신도 푹 자고 싶고, 아침에 식탁에 앉아 신선한 과일주스를 마시며 음악을 듣고 텔레비전을 보면서 여유 있게 아침식사를 즐기고 싶다고 말한다. 그녀는 이렇게 우아함과는 지구 한 바퀴만큼이나 떨어진 채 다람쥐 쳇바퀴 도는 것 같은 일상을 반복하며 살고 싶지는 않다고 소리쳤다.

가끔 바쁜 것은 누구에게나 있는 일이다. 하지만 이런 상황이 일상이 된다면 한번쯤 진지하게 자기 삶을 돌아봐야 한다. 왜 이렇게 살지? 설마 죽을 때까지 이런 식으로 살 거야? 잠시 멈추고 쉬는 시간을 찾을 수 없어? 원인을 찾아서 내 삶을 개선하거나 업그레이드할 생각이 아예 없는 거야?

누구든 우아하게 살 능력이 있다. 우아할 수 있는가 없는가는 본인의 의지와 선택에 달려 있다는 얘기다.

누군가 자기는 카페에서 우아하게 몇 시간씩 앉아 있을 시간이 없다고 말한다면, 예쁜 컵에 고급스러운 커피를 마시며 바깥 풍경을 내다볼 여유조차 없다고 말한다면, 자신의 비루한 삶으로는 결코 우아해질 수 없다고 말한다면, 이들은 우아함을 너무 좁게 이해한 것이다.

진정한 우아함이란 마음에서 나온다. 지금 어떤 삶을 살든 우리는 일상생활에서 언제든 단순함과 평온함을 누릴 수 있고, 사계절의 변화를 느끼며 꽃이 피고 지는 모습을 감상할 수 있다. 나는 이것만으로도 충분히 훌륭한 삶이라고 생각한다.

현대인은 너무나 많은 스트레스에 치이고, 너무 치열하게 경쟁하거나 심각하게 갈등하며 산다. 그래서 단순한 것을 복잡하게 만드는 데 익숙하고, 여유를 찾고 누리기를 어려워하며, 결국 우아한 삶을 잃어버리고 만다.

어떻게 살아야 할까? 우아함을 찾고 싶다면 먼저 내려놓는 법부터 배워야 한다. 삶에서 쓸모없는 번잡한 일들을 추려내고 단순하게 사는 것부터 습관화해야 한다. 인간관계도 마찬가지다. 단순할수록 오히려 깊고 끈끈해진다. 삶의 목표도 그렇다. 단순할수록 잡념이 사라지고 일상이 행복해진다.


## 프랑스 여인들의 우아하게 산다는 것

진정으로 우아하게 사는 데는 큰돈을 쓸 필요도, 많은 시간을 투자할 필요도 없다. 특별한 자격이 요구되지도 않는다. 헬스장에 갈 시간이 없다면 출퇴근길에 걷는 시간을 좀더 늘려서 몸매를 유지할 수 있다.

미용실에 갈 시간이 없고 비싼 화장품이나 비싼 옷을 살 돈도 없다면 집에서 피부를 열심히 관리하면 된다. 나랑 잘 어울리는 의상을 골라 입으며 스스로 예쁜 모습을 유지하면 된다.

이제 나쁜 취향은 버리고 좋은 습관은 길러서 호감형 인간으로 자신을 바꾸자. 고상한 취미 하나쯤 갖고서 그런 사람들과 비슷한 취향을 나누며 살고, 여유가 생길 때마다 영화도 보고 책도 읽고 방을 쾌적하게 정리하며 살자. 이런 일들은 누구나 살면서 손쉽게 할 수 있다.


하지만 이런 일들을 제대로 소화해내지 못하는 사람들이 의외로 많다. 내가 보기에 그건 못해서가 아니라 불필요하다고 생각하기 때문인 것 같다. 한 여성이 소개팅 자리에서 상대방을 대놓고 거절했다. 상대방이 음식을 너무 빨리 먹어서였다는 게 이유였다.

"너무 빨리 먹는 것도 결격사유가 되나요?"

"둘이 함께 밥도 여유 있게 못 먹는데, 남아 있는 길고 긴 시간을 어떻게 같이 보낼 수 있겠어요?"

이 말은 내가 최근 들은 말 중 단연 최고라고 할 만큼 감동을 주었다. 맞는 말이다. 특별히 급한 일이 있는 게 아니라면 급하게 먹는 건 분명히 좋지 않다. 소화에도 부담이 되고, 무엇보다 상대방을 괴롭게 만드니 말이다.


우아하다고 소문난 프랑스인이 어떻게 식사하는지 긴 지면을 할애해서 설명한 글을 읽은 적이 있다. 프랑스인도 바쁘게 살기는 마찬가지다. 하지만 그들에게서 레스토랑에서든, 공항에서든, 키보드를 두드리면서 동시에 햄버거와 콜라를 꾸역꾸역 입에 밀어 넣는 모습은 거의 찾아보기 어렵다.

그들은 인생이란 게 무엇인지 너무도 잘 이해하는 사람들이다. 그래서 일이 아무리 바빠도 충분한 시간을 내서 식사를 즐긴다. 가령 레스토랑에서 식사할 경우, 가벼운 샌드위치라 하더라도 일단 자리에 앉아 서두르지 않고 천천히 음미하면서 먹는다.

특히 프랑스 여성들은 한입 베물고 나면 꼭 포크를 내려놓고 잠시 기다린다. 입안의 음식물을 모두 삼킨 뒤에야 다시 포크를 들고 그다음 한입을 먹는다. 이런 식으로 한입, 또 한입 음식이 주는 즐거움을 음미한다.

한번은 어느 예비부부들의 단체 결혼식에 참석한 적이 있다. 부부들이 단상 아래 줄을 지어 서 있다가 차례로 입장했다. 그런데 가장 오른쪽 줄에 서 있던 새신랑이 촬영이 시작된 후부터 입장할 때까지 잠시도 쉬지 않고 손발을 앞뒤좌우로 움직이며 끊임없이 하품하거나 눈을 비비고, 바짓단을 들었다 내렸다 했다.

그는 아마도 식장 밖에 있는 사람들과 단상 아래 있는 하객들이 자기를 못 본다고 생각한 모양이었다. 하지만 카메라 한 대가 계속해서 그의 뒤를 따라다녔다. 대형 LED 스크린으로 이 모습을 지켜본 사람들은 모두 배를 잡고 웃었다.

사람은 때와 장소 그리고 상황에 맞는 행동을 평소에 완전히 습관화해야 한다. 우아함이란 어느 특별한 자리에서 한 차례만 보여주고 끝나는 게 아니다. 일상생활에서 다양한 습관을 기르고 축적해야만 온전히 자기 것이 된다.

영국 작가 스티븐 콜러리지(Stephen Coleridge)는 손자에게 보낸 편지에 이렇게 썼다.

우아한 행동거지란 사람들이 너의 사심 없는 품위를 목격하고 있다는 증거란다. 이는 대부분 머리가 아닌 마음에서 비롯한다. 최상의 우아함이란 완전히 몸에 배어 인위적인 티가 조금도 나지 않으며, 아예 없는 듯 잊어버린 상태를 말한다.

자기 습관에서 생긴 아주 작은 소홀함에도 경계를 늦추지 말고 처음부터 없애버려라. 신사는 혼자 있을 때도 자율을 유지해야 한다. 옷차림이나 행동에서 그 어떤 작은 태만도 허용해선 안 된다.

하인들이 보지 않는다고 해서 침실 슬리퍼를 신고 아침식사를 해서는 안 된다. 그건 바로 불결함의 시작이니까 말이다. 만약 자신의 육체가 저급한 세상에 물드는 데도 그대로 내버려둔다면 동시에 모든 인격도 저속해지기 시작할 것이다.


## 링컨이 능력자를 채용하지 않은 이유

링컨이 어떤 사람을 채용하기 위해 직접 면접을 했다. 화려한 경력에 탁월한 능력의 소유자라는 참모들의 의견이 첨부된 이력서를 한참 바라본 끝에, 링컨은 그를 채용하지 않기로 결정했다. 참모들이 이유를 묻자 링컨은 이렇게 대답했다.

"생김새가 마음에 들지 않는군!"

참모들은 링컨의 외모도 그다지 뛰어나지 않은 판에 외모로 사람을 평가한다는 게 말도 안 된다고 생각했다.

"설마 못생기게 태어난 것도 그 사람 잘못이란 뜻입니까?"

이렇게 묻는 참모가 있었다. 그러자 링컨이 답했다.

"40세 이전의 얼굴은 부모가 결정합니다. 하지만 40세 이후의 얼굴은 자신이 결정합니다. 누구나 40세 이후의 본인 얼굴에 책임을 져야 합니다."

링컨은 어쩌면 화려한 경력과 탁월한 능력 뒤에 숨은 무엇인가를 그의 얼굴에서 찾아냈는지도 모른다. 중국 속담에 '외모는 마음이 만든다'는 말이 있는데, 이와 일맥상통한다. 링컨은 그 사람의 얼굴에서 복잡한 마음이 녹아 있는 표정을 문제 삼은 것이다.

한 사람의 키와 이목구비 등은 유전자가 결정하지만 버릇, 행동거지, 소양, 기질은 후천적 수양으로 완성된다. 우리 몸은 부모에게서 받았지만 자기 얼굴이 사람들에게 어떤 느낌을 주는지는 자기 마음에 달려 있다는 얘기다.

우리가 어떤 삶을 사는지는 얼굴에 고스란히 담겨 있다. 외모는 별로지만 행동거지가 우아하고 기질이 훌륭한 사람이 많다. 이런 사람은 시간이 지날수록 빛이 나서 어느 누구도 그것을 함부로 훼손할 수 없는 존재가 된다.

# 30
# 좋은 스토리에는
# 군더더기가 없다

## 오늘을 사는 나의 가장 큰 자산

언젠가 한 친구가 내게 열여덟 살 때의 자신과 대화할 수 있다면 무슨 말을 해주고 싶으냐고 물었다. 나는 한참 생각한 끝에 '안심해!'라고 말해주고 싶다고 했다.

"안심해. 겁먹지 마. 두려워하지 말고 너 자신을 믿고, 네가 원하는 길을 가."

고등학생이었던 열여덟 살 때 나는 미래에 대한 두려움에 짓눌려 앞으로 나아가기를 두려워했다. 내 말을 듣고 친구는 이렇게 말해주겠다고 했다.

"미래에 대한 최고 선물은 지금 너의 모든 걸 바치는 거다!"

그 말을 듣는 순간, 열여덟 살 어느 겨울날이 떠올랐다. 누구에게나 그런 장면이 있을 것이다. 아무 이유나 인과관계도 없이, 마치 무슨 하늘의 계시 같기도 하지만 그렇다고 무슨 의미도 없이 가슴에 오래오래 각인된 어떤 장면 말이다.

열여덟 그해에 나는 집을 나서서 학교에 갔다. 몹시 춥고 건조한 겨울방학 어느 날이었다. 나는 옌산(燕山)이라는 베이징 교외의 마을에서 버스를 타고 시내 중심가로 향했다.

새벽 5시 무렵, 첫 버스였지만 내가 앉을 자리는 없었고, 나는 창가에 서서 밖을 바라보았다. 차에는 온풍기도 없어서 한기가 온몸으로 퍼졌다. 마치 차가운 얼음물을 뒤집어쓴 것처럼 몸이 점점 굳어짐을 느꼈다.

그때 저 멀리로 방금 떠오른 태양이 불그스름하게 하늘을 밝혔다. 태양은 마치 물속에 막 담갔다 꺼낸 둥근 면사포처럼 하늘거리며 하늘가에 걸려 있었다. 작은 돌기 하나 없이 아주 매끈한 모습으로.

그 순간, 갑자기 이상한 기분이 들었다. 마치 화살에 맞은 것처럼, 아무 준비도 하지 못한 상태에서 거대한 슬픔이 밀려왔다. 눈물이 파도처럼 내 마음 깊은 곳에서 솟구쳐 올랐고, 뭔지 모를 아픔이 가슴을 찔러댔다.

나는 눈물이 흐르지 않도록 고개를 들어야 했다. 아직은 어린 나이인 열여덟 살. 눈동자는 맑고 이마는 반짝이고 얼굴에는 통통한 젖살이 남아 있었다. 아직도 살아야 할 세월과 가야 할 길이 멀고 먼 나이였다.

갑자기 어떤 예감이 밀려들었다. 이제 곧 수많은 일이 닥쳐올 것 같다는 불안한 예감. 쓸모 있는 것과 쓸모없는 것, 유의미한 것과 무의미한 것, 원하는 것과 원하지 않는 것. 그것들을 선택해서 노력하고, 그것들과 지지고 볶고, 그것들 때문에 울고 웃고…….

그런 생각이 들자 가슴을 칼로 후벼 파는 것 같았다. 미래는 아직 멀리 있지만, 내 앞날에 태풍이 불어올 수도 훈풍이 불어올 수도 있겠지만, 이 세상에 태어난 이상 어쨌든 한평생 살아가야 한다는 생각이 커다란 바윗덩어리처럼 나를 짓눌렀다.


하지만 그때 나에게는 아무것도 없었다. 맑은 눈동자와 반짝이는 이마와 앳된 젖살뿐이었던 그때. 아마도 바로 그 순간 갑자기 흔들거리는 새벽 첫차 안에서, 나는 순수하고 앳된 소녀인 나와 완전히 이별을 고한 것 같다.

마치 이제부터는 나 혼자서 길을 떠나야 한다는 사실을 깨달은 듯이 느껴졌다. 버스는 고속도로를 달리더니 어느새 시내 중심가로 들어섰다. 태양은 줄곧 우리를 따라왔고, 빛줄기는 도시의 가로수 나뭇가지 사이를 뛰어다녔다.

햇빛은 점점 더 강해졌고, 태양은 빽빽한 나뭇가지 사이에서 마치 금속 파편처럼 갈라진 빛을 발산하면서 차창 밖을 비추고 있었다. 나는 여전히 마음속으로 울었지만, 그래도 씩씩하게 머리를 들었다. 종점에 도착해서야 비로소 평정을 되찾았다. 차에서 내린 나는 계속 길을 걸었다.

이제 나는 그때의 슬픔이 무엇 때문인지 안다. 그건 미래에 대한 불안감이었고, 너무나 많은 미지의 세계를 마주해야 하는 공포감이었다. 어떤 감정은 어느 정도 시간이 흐르고 인생을 좀 살아봐야 비로소 정체를 파악할 수 있다. 아마도 그것이 성장이라는 게 아닐까?

삶이란 새벽 첫차와 흡사하다. 표를 끊고 차에 올랐는데, 심지어 종점이 어딘지도 모르고 어떤 승객을 만날지도 모르며, 어떤 일이 일어날지도 알 수 없다.

그 모든 것 때문에 불안감이 밀려오지만, 그래도 괜찮다. 아무 문제없다. 내가 어떤 사람인지 알고, 어디에서 내려야 하는지만 분명히 안다면 그걸로 충분하니까.

인생의 가장 큰 행복은 단순하게 사는 것이다. 그리고 그 나이 때 꼭 해야 할 일을 하는 것이다. 젊었을 때는 생각이 너무 많지만, 사실 시간이 조금만 지나고 보면 별 쓸모가 없다는 것을 알게 된다. 그러니 쓸모없는 욕망에 휩쓸리지 말고 자기 삶의 목표에 누구보다 용감해야 한다.

당신은 지금 몇 살인가? 분명한 것은 지금 그 나이 때 가장 큰 자산은 바로 시간이라는 사실이다. 가슴을 활짝 펴고 목표를 향해 달려가자. 그리고 아주 즐겁게 살아가자. 그 모든 장애물과 구속은 저 멀리 던져버리자. 그것들에 우리의 쿨한 뒷모습을 보여주면서 말이다.


## 더 늦기 전에 내 역사를 다시 쓸 수 있도록

스물다섯이 되던 해, 나에게 인생 최대의 난관이 닥쳐왔다. 사실 난관이라고는 하지만 실연과 실직을 동시에 겪은 것에 불과했다. 나는 스스로에게 물었다. 대학을 졸업한 지 겨우 2년밖에 안 되었는데, 내 인생이 이대로 망가지는 걸까?

오랜만에 고향을 찾은 나는 오후 햇살을 받으며 자리에 앉았다. 컴퓨터를 켰고, 최근 몇 년 동안 써온 글들을 찬찬히 읽어보았다. 그 안에는 풋풋했던 나와 조금은 성숙해진 내가 있었다. 그러다 문득 고개를 돌려 다시 바라본 내 젊은 날은 너무나 초라했다.

나는 차마 더 읽을 수 없었다. 그래서 그동안 써온 컴퓨터 속 글들을 모조리 삭제해버렸다. 어차피 작가의 길을 가자고 결심한 인생이니, 그러지 않고 다시 시작하는 건 의미가 없다고 생각했다. 시인 시무룽(席慕蓉)은 이런 시를 썼다.

인생이 반쯤 남았다면
책상을 정리해야 한다.
지나간 모든 시간과 잘못과 잃어버린 것을 정리해서
더 늦기 전에 나의 역사를 구해낼 수 있도록.

그렇다. 우리가 기억의 골짜기에 빠져 있으면, 깊이 들어갈수록 오히려 빠져나오지 못하고 과거 시점에 발목이 잡혀버린다. 지나간 모든 시간과 잘못과 잃어버린 것을 정리하고 새롭게 시작하면 된다. 그리하여 더 늦기 전에 내 역사를 구해내면 된다.

앞으로 다가올 역사는 나의 자유의지에 달려 있다. 어제는 이미 지나간 것, 하지만 오늘은 그 무엇과도 바꿀 수 없는 나만의 소중한 자산이다. 원하는 만큼 풍성하게 만들 수 있고, 원하는 만큼 값지게 창조할 수 있다.

나는 다시 일어섰고, 이튿날 아침 베이징으로 가는 버스를 탔다. 돌아보면, 그날의 결단이 오늘의 나를 만들었다고 할 수 있다. 베이징으로 가는 버스에서 나는 노트에 이렇게 적었다.

냉정해야 한다. 그리고 결연해야 한다. 나의 삶은 온전히 내 것이고, 오직 하나뿐이며, 대단히 의미 있는 존재라는 사실을 분명히 인식해야 한다. 주변의 간섭에 흔들리지 말고, 내 리듬에 맞춰 나만의 인생을 살아가자. 설령 좌절을 겪고 넘어졌다 해도 어깨에 묻은 흙을 툭툭 털고 일어나 다시 길을 걸어가면 된다. 나는 다시 일어설 것이다. 나는 절대 지지 않을 것이다. 세상의 복잡함에 휘말려 휘청거리지 않을 것이다. 나는 오로지 내가 믿는 인생의 방식대로 살아갈 것이다.

## 단순한 삶은 예리한 칼과 같다

아름다움을 보고, 찬란한 날들을 겪고, 그리고 얼마간 세월을 견뎌냈다면 당신은 이제 상흔과 사연이 많은 어른이 되어 있을 것이다. 산전수전 다 겪은 뒤에야 비로소 우리는 단순함이야말로 이런 복잡한 세상을 이겨내는 강력한 무기임을 깨닫는다.

어른이 된 우리는 이제 비로소 인생에서 가장 소중한 것이 무엇인지 분명히 깨닫게 된다. 불필요한 것은 과감하게 없애 버리고 하고 싶은 일을 하며 살아가는 인생 말이다.

이런 식으로 생각하면, 우리 삶에서 버릴 것이 많다는 걸 알게 된다. 그래서 예전처럼 번잡하고 허영심에 가득 차고 흐리멍덩했던 짐을 내려놓고, 복잡하게 얽혀 있는 잔가지들을 과감하게 쳐내 질서정연하게 정리함으로써 두 번 다시 예전의 혼란한 삶의 방식에 얽히지 않는다.

　좋은 스토리에 군더더기가 없듯이 단순한 삶도 그렇다. 어떻게 보면 단순한 삶은 마치 내 몸을 지켜주는 예리한 칼과 같다. 그래서 이 복잡한 세상에서 초심을 잃지 않고 언제나 깔끔하고 충실한 삶을 살 수 있도록 나에게 엄습하는 잔가지들을 하나하나 쳐낼 수 있게 도와준다.
　단순함으로 세상을 대하면 세상이 단순함으로 우리에게 보답한다. 목표가 명확하고 의지가 결연하다면 우리는 세속의 관념에서 벗어나 자유롭고 평온하며 투명한 자신만의 삶을 살 수 있다.
　지나간 날의 미련을 버리고, 다가올 미래를 두려워하지도 말자. 모든 것을 현재에 바치자. 그러면 미래의 나는 단순한 삶을 고집하며 사는 현재의 나에게 감사하게 될 것이다.

역자 권용중

한국외국어대학교 통번역대학원(한중과)을 졸업했다. 현재 전문 번역가로 활동하고 있다. 주요 역서로는 《카페에서 만난 장자》, 《니체의 행복 철학 147 제안》, 《유대인의 생각 공부》 등이 있다.

## 끊고 버리고 떠나보내라

**신개정판 1쇄 인쇄일** 2021년 05월 14일
**신개정판 1쇄 발행일** 2021년 05월 24일

| | |
|---|---|
| **지은이** | 지샤오안 |
| **옮긴이** | 권용중 |
| **발행인** | 이지연 |
| **주간** | 이미숙 |
| **책임편집** | 정윤정 |
| **책임디자인** | 이경진 권지은 |
| **책임마케팅** | 이운섭 신우섭 |
| **경영지원** | 이지연 |

| | |
|---|---|
| **발행처** | ㈜홍익출판미디어그룹 |
| **출판등록번호** | 제 2020-000332 호 |
| **출판등록** | 2020년 12월 07일 |
| **주소** | 서울시 마포구 독막로18길 12, 2층(상수동) |
| **대표전화** | 02-323-0421 |
| **팩스** | 02-337-0569 |
| **메일** | editor@hongikbooks.com |

**ISBN**    979-11-9142-017-3 (03190)

※ 이 책은 《인생의 중간쯤 왔다면 책상을 정리해야 한다》의 신개정판입니다.